총알의 기억

총알의
기억

2025년 5월 18일 초판 1쇄 발행

글 | 범현이
그림 | 하성흡

책임편집 | 박윤주
디자인 | 김다솜
마케팅 | 김선민
관리 | 장수댁
인쇄 | 정우피앤피
제책 | 바다제책

펴낸이 | 김완중
펴낸곳 | 내일을여는책

출판등록 | 1993년 01월 06일(등록번호 제475-9301)
주소 | 전라북도 장수군 장수읍 송학로 93-9(19호)
전화 | 063) 353-2289
팩스 | 0303) 3440-2289
전자우편 | wan-doll@hanmail.net
블로그 | blog.naver.com/dddoll

ISBN | 978-89-7746-876-4 03910

총알의 기억

글 범현이 | 그림 하성흡

내일을여는책

목차

꿈꾸는 총알

아름다운 상상

작가의 말

무슨 말을 해야 할까. 고민하는 사이 며칠이 갔다. 하고 싶은 말이 떠오르다가 어느 순간 사라지기를 반복했다. 놓치고 싶지 않았던 말도 모자라고 넘치는 말로 느껴졌다. 생각과 삶의 의지와 기운마저 증발해버린 것 같은 진공 상태의 겨울을 보내면서 슬그머니 다가와 버린 봄을 맞을 준비마저도 할 수 없었다.

이 두 편의 이야기는 내가 하고 싶은, 해야만 하는, 놓치고 싶지 않았던 말들 중 한 단락이다. 난 고등학교 3학년 중간고사 무렵 5·18민주화운동을 겪었다. 가장 순정해야 할 청소년기에 이 나라의 군인이 자국민을 살상하는 국가폭력을 목도했다. 그리고 이것은 청년을 넘어 현재까지 내 삶의 시간을 지배하고 있다.

진실을 말해도 받아주지 않은 세상은 1980년 5월 그날을 여전히 기억하고 놓지 못하게 한다.

기억 투쟁의 이 원고를 출판사에 보내고 얼마 지나지 않아서 2024년 12월 3일, 대한민국에 계엄령이 선포되었다. 1차 원고 교정 시일에는 대통령 탄핵 촉구로 온 나라 국민이 경악, 탄식, 민주주의의 타살 등을 경험했다.

계엄은 5·18 광주와 샴쌍둥이처럼 분리할 수 없는 사실이어서 45년 전 그날을 환기하는 트라우마를 가져왔다. 그리고 얼마 후 12월 29일 참혹한 일은 또 있었다. 제주항공 참사로 179명이 세상에서 사라졌다. 교사가 어린 학생을 학교에서 살해하는 일도, 청년들이 생활고로 자살하고, 가족이 각자의 이유로 서로를 살해하고, 여론의 비난과 악성 댓글로 여배우가 자살하는 일까지…. '도대체 왜 이런 죽음들이 멈추지 않는 걸까' 질문을 할 수도 없는 사건들이 넘쳐났다. 재난이라는 이름으로 목숨을 잃은 무수한 개인들 앞에 단 한 순간도 안전이 보장되지 않은 이 사회는 여전히 고통과 재난의 현재 진행형임을 적나라하게 보여준다.

《꿈꾸는 총알》은 5·18민주화운동 과정에서 총상을 입은 한 남자의 이야기다. 총알을 몸에 안고 사는 것이 최선인 상태에서 결국은 고통과 상처의 근원인 총알과의 화해를 통해 세계와의 통섭을 이야기하고 싶었다.

《아름다운 상상》은 1980년 5월 총상으로 사망한 임신부의 이야기를 가져왔다. 태내 아이가 화자(話者)다. 세상에 태어나기도 전에 죽어야 하는 이유가 무엇인지도 모른 채, 모든 것을 빼앗겨 버린 아이가 꿈꾸었던 세상을 아이의 입을 빌어 이야기하고 싶었다.

이야기의 틀을 구상하는 동안 손주가 태어났고 분홍빛 피부와 까마중 같은 눈을 들여다보다가 와락 겁이 났다. 이 아이에게 어떻게 말할 것인가. 무엇을 들려줄 것인가. 글을 쓰는 내내 아이의 까마중 같은 눈이 둥둥 떠다녔다.

작가 후기를 쓰는 동안 반가운 이야기를 들었다.

총알을 몸에 지닌 채 힘겨운 삶을 지나고 있는 부상자 분들의 이야기를 5·18기념재단이 올해부터 채록한다는 소식이다. 늦었지만, 더 늦지 않아서 다행이다. 그런 의미에서 이 두 이야기는 5·18민주화운동에 대한 기록의 한 편린일 수도 있겠다. 문학의 가장 근본인, 당대의 기록에 대한 리얼리즘 말이다. 언제나 진실을 이야기해야 하고, 보이지 않는 것을 보아야 하고, 불편한 진실들에 끊임없이 질문을 던지는 것이야말로 문학의 역할이기 때문이다.

혼돈 그 자체의 참혹한 시대이지만 문학은 포기하지 않고 진실을 공유하고 꿰뚫어 볼 힘을 갖고 있다고 믿는다. 그래서 끈질기게 들여다보고 기록할 것을 멈추지 않을 것이다. 이것은 스스로에 대한 다짐이기도 하다.

반가운 이야기 또 하나, 계엄령을 선포한 대통령이 마침내 탄핵되었다. 한겨울 눈 내리는 거리에서 등신불처럼 앉아있던 우리 모두에게 부처님의 가피 같은 봄이 찾아왔다. 하지만 아직 우리는 서로를 지탱할 힘이 필요한 시간을 지나고 있다. 사랑하는 이 나라에서 다시 살아갈 수 있도록.

범현이

추천의 글

광주의 아픔을 이겨내며…

5·18은 지금까지 현재 진행형입니다. 5·18 이후 살아남은 사람들의 삶은 참으로 힘들고 고달팠습니다. 국가가 저지른 살육만행 앞에 수많은 사람들은 소중한 가족을 잃고 이웃도 잃어야만 했습니다. 심지어 피해입은 영혼은 본인의 갈 길조차 잃었는지도 모릅니다.

하지만 죽어간 이들이 폭도가 아니라는 사실과 시민군이 되어 끝까지 싸운 '나'를 잊지 말라던 그날의 절규는 살아남은 이들에게 살아가는 또 다른 힘이 되기도 하였습니다. 피해자 가족들이 트라우마로부터 자유롭지 못한 삶을 살고 있지만, 광주의 아픔을 공감하는 많은 사람들은 '미안하다' 하고 '잊지 않겠다'며 공감하고 광주의 아픔을 이겨내는 데 힘을 보탰습니다.

때로는 감동이고 때로는 처절한 싸움인 이 과정에서 우리는 더욱 성숙해졌습니다.

범현이 작가가 정성들여 집필한 이 작품은 5·18민주화운동을 직간접적으로 체험한 작가가, 본인의 상상력으로 재구성한 내용입니다. 저는 45년이 지난 이 이야기가 우리의 가슴을 미어지게 만든다는 사실에 주목합니다. 인간이, 다른 인간의 슬픔과 고통, 그리고 절망을 깊게 그리고 함께 느낄 때 역사는 전진하였습니다. 타인의 고통을 함께 느낄 수 있는 인간, 그 고통을 끌어안으려는 실천이 역사를 앞으로 나아가게 하는 원동력이었습니다. 우리 사회는 광주의 아픔과 고통을 딛고 일어섰습니다. 여러분과 함께 광주의 아픔을 이야기하며, 〈또 다른 광주〉의 아픔에 공감할 수 있기를 바랍니다.

감사합니다.

5·18기념재단 이사장 원순석

광주시민

꿈꾸는 총알

명수야,
나 총맞았다

아침 일찍 방문 여는 소리가 들렸어. 미닫이문은 여닫을 때마다 드르륵 소리를 내며 방문객이 왔음을 알려줘.

방으로 들어온 사람은 할아버지의 하나뿐인 아들이었어. 아들의 얼굴에는 근심이 보였어. 낯빛이 어두웠거든.

"아버지, 천천히 일어나보세요. 많이 아프세요? 오늘이 병원 가기로 한 날이에요. 예약 시간에 늦지 않으려면 지금부터 준비하셔야 해요."

할아버지는 이를 악물고 침대에서 일어났어.

"벌써 그날이네. 빨리 준비해야겠구나."

할아버지는 두 발로 몸을 덮고 있던 이불을 밀어내고 오른손으로 침대 가장자리를 잡고 왼손으로는 이마를 받치면서 끙 앓는 소리까지 냈어.

그제야 난 할아버지가 아프다는 게 실감이 났어. 요즘 들어 더 자주 머리가 아픈 모양이야.

할아버지는 때때로 효자손으로 머리를 툭툭 쳐 대곤 했거든. 난 깜짝깜짝 놀라면서도 그런 할아버지를 볼 때마다 웃음이 나왔어.

아프다면서 효자손으로 머리를 때리다니. 아픈 곳을 더 아프게 하는 건데 웃지 않을 수 없잖아? 그런데도 할아버지는 시간이 지나면 "어, 시원하다. 좀 살 것 같다" 하며 잠시 잠이 들곤 했어.

하지만 신음을 내지 않으려고 안간힘을 쓰는 게 느껴졌지. 아플 때 자기도 모르게 나오는 끙끙거리는 소리 말이야.

할아버지는 5·18 때 총에 맞은 후 죽을 고비를 넘겼어. 1980년이니 45년이나 지난 일이지만 지금도 어제 일처럼 생생하게 기억나.

5월 18일부터 열흘 동안 사람들은 총을 든 군인들에게 쫓겨서 달리고 넘어지고 난리였어. 최루가스에 피부가 짓무르고 진압봉에 두들겨 맞는가 하면 대검에 찔려 피 흘리고 총에 맞아 죽어가던 그 날을 어떻게 잊을 수 있겠어. 너무나 순식간에 벌어진 일이었고, 누구도 상상할 수 없던 끔찍한 일이었거든.

왜 그런 일들이 일어났는지 당시에는 알 수 없었어. 그런 사태가 벌어진 정치적 환경을 이해하기에는 상황이 너무나 복잡했거든. 하지만 사람들이 한목소리로 외치는 소리는 정확히 들을 수 있었어.

전두환은 물러가라!

계엄철폐!

김대중을 석방하라!

5월 18일 이전부터 시작된 시위는 날이 갈수록 도청 앞 분수대 광장 등 시내 중심가로 광주 시민들을 점점 더 많이 불러 모았어. 그리고 계엄군이 광주로 온 후 사상자가 확 늘어났어.

시위대는 겨우 보도블록이나 깨트려 던지는 수준이었는데, 계엄군은 시위대를 향해 처음엔 진압봉을 휘두르더니 급기야는 총에 꽂은 대검으로 살상했어. 그러니 분노하지 않을 사람이 어디 있겠어.

할아버지는 5월 21일 총에 맞았어.

그날은 계엄군이 시민들을 향해 마구잡이로 총을 쏜 날이야. 어딜 가나 피 흘리는 사람들이 길에 쓰러져 있었어.

길 어디에나 내던져져 있는 돌멩이처럼.

계엄군에 맞서던 사람들은, 총에 맞거나 칼에 찔린 사람을 보면 누가 먼저랄 것도 없이 서로 안고 업고 병원으로 달려갔어. 그러다 자기도 총에 맞을 수 있었는데도 말이야.

할아버지도 그중 한 사람이었어. 그때는 업힌 사람이 흘린 피에 등 쪽부터 바지까지 흥건히 젖는지도 몰랐대. 그만큼 광주 시내의 상황이 긴박하고 끔찍했던 거지.

광주천 앞에 있던 병원에는 발 디딜 틈 없을 정도로 사상자가 많았어. 도청에서 가까운 이 병원은 총상과 자상을 입고 업혀 온 사람들로 이미 응급실과 입원실을 구분할 수 없을 정도였어. 복도 바닥을 포함해 사람이 누울 수 있는 모든 곳에 총상과 자상 환자들이 누워 있었대.

의사와 간호사들의 흰 가운은 피로 붉게 물들었고 비명과 통곡 소리로 정신을 차릴 수가 없었다지.

몰려드는 사상자들로 의약품이 떨어지기 시작했는데, 그중에서도 가장 필요한 것은 피였대. 총 맞은 사람들이 늘어나면서 수혈할 피가 금세 바닥나버렸거든.

"피가 부족합니다! 수혈할 피가 필요해요!"

수술방의 열린 문틈으로 다급한 목소리가 들리는 순간, 통곡과 비명으로 가득했던 병원이 일시에 조용해졌대. 그리고 누군가의 목소리와 함께 급박하게 달려오는 소리가 났대.

"내 피를 가져가요. 건강합니다. O형이에요!"

"저도 건강해요. B형이에요!"

병원에 피가 부족하다는 소문이 나자 헌혈하러 오는 사람들이 넘쳐난 거야. 할아버지부터 아저씨, 청년, 아주머니, 어린 학생들까지 나이를 불문하고 팔을 걷어붙인 행렬이 병원 바깥까지 길게 이어졌대.

"형이 헌혈할게. 너는 더 자라서 오렴."

고등학생쯤으로 보이는 학생이 어린 남자아이의 걷어 붙인 소매를 내려주며 돌려보냈지만, 그 아이는 곧 길게 이어진 줄의 끝에 가서 다시 서는 것을 볼 수 있었어.

구급약도 부족했어. 총상과 자상 환자들이 많아지니 당연했지.

"약이 필요해요! 어디서 구할 수 있어요?"

"약이 부족합니다! 누구, 대학병원에 다녀오실 분 있습니까?"

의사와 간호사의 다급한 말에 병원 복도와 입원실에 있던 사람들이 술렁였어. 그때 할아버지는 헌혈을 끝내고 팔에서 막 주사기를 뽑으려던 참이었대.

"제가 다녀올게요. 금방 약을 가지고 올 수 있어요."

할아버지는 친구와 함께 적십자 깃발을 차에 매달고 약을 구하러 근처 대학병원으로 향했어.

도청 앞에 이르자 무수히 많은 돌멩이와 벗겨진 운동

화, 구두 등이 도로에 마구 널브러져 있어서 상황이 얼마나 긴박했는지 짐작할 수 있었대.

그런데 갑자기 '탕!' 소리가 나면서 할아버지의 옆구리가 따끔하더래. 그 순간 할아버지는 하늘에 떠 있는 헬리콥터를 바라보며 옆에 있는 친구에게 이렇게 말했대.

"명수야. 나 총 맞았다."

깜짝 놀란 명수 할아버지가 운전석에 앉아있는 할아버지를 차에서 끌어 내리자마자 헬리콥터에서 차를 향해 기관총을 난사했대. 차가 폭발할 것처럼 총알이 아스팔트에 꽂히고 튀어 오르는 것이 마치 영화의 한 장면 같았대.

"차에 적십자 깃발을 꼭 달고 가세요. 전쟁 중에도 적십자 기는 아군과 적군 모두가 존중해요. …… 전시 중에도 자국민은 살상하지 않지만요."

병원을 떠나기 전 의사가 자신 없는 말투로 그렇게 말했었대. 그 말이 떠오르는 순간 적십자 깃발을 매단 차가

화염에 휩싸였어. 붉은 십자가가 그려진 깃발은 순식간에 사라져 버렸지. 마치 처음부터 없었던 것처럼 깃발은 흔적조차 남지 않았어.

명수 할아버지는 왼쪽 옆구리에서 피가 흐르는 할아버지를 업고 병원으로 뛰었대.

정신없이 쏟아지는 총알을 피해 어떻게 뛰었는지 하나도 기억이 없대. 둘 다 옷이 피범벅이 돼서 누가 피를 흘리는 건지 모를 정도가 되었을 때야 두 사람은 대학병원 응급실에 도착할 수 있었어.

그 와중에도 명수 할아버지는 대학병원에서 의약품을 구해 광주천 옆 병원에 전해 주었어.

“총 맞아 정신을 잃은 너를 병원 복도에 뉘어두고 천변 병원까지 어떻게 갔다 왔는지…….”

그때를 이야기할 때면 명수 할아버지는 앉아있던 자리에서 일어나 제자리를 맴돌며 손을 떨곤 해.

총에 맞은 할아버지는 큰 수술을 받았어. 총알은 할아버지의 배 속에서 원을 그리며 장기를 휘저었대.

그 바람에 할아버지의 목숨이 위태로워진 거야. 명수 할아버지는 할아버지가 수술을 마치고 마취에서 깨어날 때까지 곁을 떠나지 않았어.

명수 할아버지는 할아버지의 모든 것을 알고 있지.

할아버지는 명수 할아버지와 초등학교 2학년 때 같은 반 짝으로 만나서 평생 친형제처럼 지냈어. 작은 일도 서로 의논했고, 맛있는 것은 아무리 적어도 나눠 먹었어.

그때 명수 할아버지는 친구인 할아버지를 위로하고 응원했어. 갓 걸음마를 시작한 아들과 돌아오지 않는 남편을 걱정하고 있을 아내를 위해서라도 꼭 살아남아야 한다고 말이야.

총알을 구해오세요

할아버지가 병원에 갈 정도면 엄청 많이 아픈 거야. 5·18 때 총에 맞고 수술한 후로 할아버지는 아무리 아파도 병원 근처에도 안 갔어.

몸살감기가 심하면 대추, 생강을 넣어 차를 끓여 마셨고, 기침이 심할 때는 꿀을 넣은 배를 달여 마셨어. 끙끙 신음할 정도로 아픈 날도 있었지만, 할아버지에게는 하루 이틀 누워 있다 훌훌 털고 일어나 일하러 가는 것이 당연했어.

할아버지의 머리가 심하게 아프기 시작한 건 다섯 달도 더 됐어.

어느 날 갑자기 할아버지는 머리가 몹시 아프다며 약을 먹기 시작했어. 난 깜짝 놀랐지. 그동안 할아버지는 아무리 아파도 약국에서 약을 사 먹는 일이 없었거든.

그런 할아버지가 직접 약을 사 먹다니, 통증이 어느 정도인지 짐작조차 가지 않았지. 그러다가 밥도 잘 먹지 못하는 할아버지를 보면서 '할아버지가 진짜 많이 아프구나' 하는 생각이 들었어.

아들이 대학을 졸업하고 일을 찾아 집을 떠난 후 할아버지는 혼자 생활하면서도 끼니를 놓치지 않았거든.

지난겨울 집에 왔던 아들은 백지장처럼 창백하고 삐쩍 마른 할아버지를 보고 깜짝 놀랐어. 할아버지의 건강이 심상치 않다는 것을 바로 알아차렸어.

"아버지! 당장 저하고 병원에 가요."

"그래, 머리가 너무 아파서 견딜 수가 없구나."

나는 또다시 깜짝 놀랐지. 고분고분 병원에 가겠다는 할아버지를 처음 보았거든.

서둘러 아들의 부축을 받아 찾아간 동네 의원에서는 큰 병원으로 가 정밀 검사를 받아보라고 했어.

우리는 5·18 때 할아버지가 수술받은 병원으로 갔어. 그곳에는 할아버지의 수술 기록이 남아있거든. 또 이 지역에서 가장 큰 대학병원이라 할아버지가 아픈 원인을 찾아낼 수 있을 거라는 기대도 있었어.

의사 선생님은 할아버지를 진찰하고 난 뒤 고개를 갸웃거렸어.

"왜 머리가 아픈지 도저히 알 수가 없어요. 참 이상하네요."

나도 이상했어. 할아버지는 5·18 때 수술한 뒤로는 건강했거든. 가끔 왼쪽 가슴이 답답하다고 했지만, 그것 말고는 아무렇지도 않았어. 그런데 갑자기 밥도 먹기 힘들 정도로 머리가 아프다니.

"아무래도 MRI를 찍어봐야 할 것 같습니다. MRI 검사는 큰 자석으로 된 통 안에서 발생한 자기장을 사람의 몸에 고주파로 보낸 다음, 되돌아오는 신호를 컴퓨터로 계산해 영상을 만드는 검사에요. 뼈, 근육, 혈관, 장기 등 인체의 내부 구조를 단면이나 3차원 영상으로 볼 수 있어요."

의사 선생님의 말에 할아버지는 깜짝 놀랐어.

"뭐라고요? 제 몸속에 총알이 들어있는데 어떻게 MRI 검사를 합니까?"

"네……. 총알이 왼쪽 허파 바로 뒤에 있더군요."

"그런데도 MRI 검사를 할 수 있을까요?"

설명을 듣던 아들은 굳어진 얼굴로 의사를 바라봤어.

"머리가 아픈 원인을 알아내려면 MRI로 사진을 찍어야 해요. 하지만 총알이 자석으로 된 통에 붙는다면 이 검사는 할 수 없어요. 그러니까 몸속에 있는 총알과 똑같은 총알을 구해오세요. 자석처럼 붙는지 안 붙는지 실험을 해 봐야 하니까요."

그날 의사의 말을 듣고 집으로 돌아온 할아버지의 얼굴에는 수심이 가득했어.

"45년 전 총알을 어디서 찾는다니……."

"걱정하지 마세요. 누군가 갖고 있을지도 몰라요."

아들은 할아버지 앞에서 밝은 표정을 지으려고 노력했지만 45년 전 총알을 찾는 게 쉬운 일이 아님을 직감했어. 할아버지의 폐에 박힌 총알의 종류를 확인하는 일부터 쉬운 작업이 아니거든.

아들은 5·18 당시 총상 환자가 많았던 병원부터 찾아갔어. 그리고 그곳에서 총상 환자 대부분이 M16이라는 총에 맞았다는 사실을 알아냈어. 아울러 M16이 당시 살상력이 가장 뛰어난 총이었고, 미국이 베트남 전쟁에서 살상 무기로 쓰던 것을 우리나라에 들여온 거라는 것도 알게 됐어.

다음날부터 아들은 본격적으로 총알을 구하러 다니기 시작했어.

“M16 총알이 필요해요. 5·18 때 계엄군이 쏜 총알이에요.”

아들은 5·18 때 총에 맞은 총상 환자들의 단체를 찾아가 총알을 구할 수 있게 도와달라고 부탁했어.

명수 할아버지도 시민단체와 각 단체 활동가들에게 할아버지 상태가 위급하다는 것을 알렸어. 총알을 구하기 위해 사방팔방 찾아가지 않은 곳이 없을 정도였지.

또 명수 할아버지는 만나는 사람들에게 할아버지 이야기를 자세하게 들려줬어.

총에 맞아 병원에 실려 간 할아버지를 찾아 나선 할머니가 돌아오지 않았다는 것도…….

할아버지가 총에 맞아 대학병원에 있을 때 할머니는 아들을 업고 할아버지를 찾아다녔대. 총알이 날아다니는 도청 앞 분수대 광장은 물론이고 시위가 벌어지는 현장마다 빠지지 않고 찾아다녔어.

마지막으로 할머니를 본 사람들이 있었는데, 할머니는 아무래도 시신들을 모아놓은 상무관에 가봐야겠다며 이제 막 걸음마를 시작한 아들을 옆집에 맡기고 집을 나서는 모습이었대.

수술 후 사경을 헤매던 할아버지가 정신이 돌아오자, 명수 할아버지는 할머니의 안위가 걱정되어 할아버지 집에 왔대. 옆집 이웃은 그동안 돌봐준 아기를 명수 할아버지에게 안겨 주었고, 할머니는 어디에서도 목격되지 않았어. 연기처럼 사라져 버린 거야.

명수 할아버지는 건설 현장에서 벽에 흙이나 시멘트를 바르는 일을 해. 목수인 할아버지와 평생 같이 일했어.

할머니의 청국장과 오이장아찌 맛을 기억하는 명수 할아버지는 할머니 이야기를 하며 눈물을 글썽였어.

명수 할아버지는 할머니가 사준 신발이 세상에 태어나서 처음 받아 본 생일선물이라고 했어.

얼굴도 모르는 부모님을 미워하며 괴로워하기만 했는데 할아버지와 할머니가 자신을 가족처럼 아끼고 보살펴 주어 그 힘으로 지금까지 살아왔다고 했어.

"처음 선물 받은 운동화를 신었을 때의 그 날아갈 듯한 기분을 다른 사람들이 어찌 알겠어. 난 그 운동화만 신으면 세상에서 못 할 일이 없을 것 같았거든."

명수 할아버지는 그것이 행복이라는 것을 알게 되었다고 말하며 웃곤 했지.

지금 할아버지가 사는 집은 할머니와 살던 옛집 그대로야. 외관은 낡았지만, 두 할아버지의 손길이 깃들어 지금까지 잘 버티고 있어.

할머니는 도심에서 한참이나 떨어진 이 집에 세를 들면서, 언젠가는 이 집을 사서 우리 집으로 만들자고 말하곤 했대.

마당이 넓으니 꽃도 심고 자잘한 채소도 기를 수 있고 우리 아이들이 뛰어놀기 좋은 곳이라면서 말이야. 그래서 할머니가 혹시라도 살아있다면 찾아올 수 있도록 할아버지는 그 집을 사서 터를 잡고 살았던 거지.

할아버지는 때때로 혼잣말로 "내가 오래오래 살아야지" 하며 기와지붕을 올려다보곤 했는데, 그것이 무슨 뜻인지 이제 이해가 가는 것 같아.

부엌의 낡은 그릇과 냄비, 아랫목의 해진 이불까지, 할아버지에겐 그 모두가 할머니였던 거야.

허파인 줄 알았어

나는 비로소 내가 누구인지 알게 됐어.

나는 나와 똑같이 생긴 쌍둥이 형제들이 세상에 남아있다는 것을 알게 됐어.

난 내 형제들과 함께 아주 오래전에 계엄군의 총을 통해 세상에 나왔고 몇몇 형제들은 사람들 몸속에 박혀서 나처럼 갇혀있다는 것도 처음 알게 되었지. 그뿐이 아니야. 나와 내 형제들이 많은 사람을 다치게 하고 죽게 한 것도 알게 되었어.

그동안 난 내가 할아버지를 숨 쉬게 하는 허파인 줄 알았어.

45년이 넘도록 할아버지 몸 안에서 한몸으로 지냈으니, 허파가 당연히 내 자리인 줄 알았지. 들숨 날숨으로 허파꽈리가 열리고 닫힐 때마다 나도 그 일을 하는 중이라고 여겼어.

그런데 어느 날 문득 음식물을 소화하는 위와 오줌을 걸러내는 콩팥을 찬찬히 들여다보다 깜짝 놀랐어.

내가 하는 일이 없다는 것을 알게 됐거든. 다른 기관들은 다 하는 일이 있는데 나만 아무런 역할도 안 하고 있었던 거야. 내가 도대체 왜 그 자리에 있는지 알 수 없어서 화가 났어.

그래서 할아버지가 할머니를 애달프게 그리워하는 것이 느껴질 때마다 답답해서 짜증을 내기 시작했지.

내가 짜증을 낼 때마다 할아버지는 아프다고 했어. 난

할아버지가 아파하는 것을 이해할 수 없었어. 나로서는 하는 일 없이 지루한 일상을 견디기 힘들어서 좁은 공간에서 빠져나오려고 뒤척였을 뿐인데 말이야.

내 몸은 점점 무거워졌어. 짜증을 낼 때마다 몸이 풍선처럼 노랗게 부풀어서 예전처럼 편하게 지낼 수도 없었어. 날아갈 수 없는 무거운 풍선은 생각조차 하기 싫은데 심지어 검붉은색으로 변해가는 내 몸이라니.

할아버지의 슬픔과 애달픔은 자주 느껴졌어.

봄이 와서 온 세상이 초록으로 물들 때면 할아버지는 잠 못 들고 마당을 거닐곤 했어. 밤하늘을 올려다보거나 눈길을 멀리 허공에 두는 날이 많았어.

유난히 노랗게 바랜 채 찢긴 창호지 속에 박제된 국화 잎사귀 하나도 유심히 들여다보곤 했어. 알루미늄 창호로 모두 바뀐 집에서 유일하게 세월을 비껴간 창호지는 할아버지 할머니가 갓 이사 와 겨울을 앞두고 밀가루 풀을 쑤

어가며 같이 붙인 거래.

어느새 나는 어린아이 주먹만큼 커졌어. 언제부턴가 난 노란 알처럼 변해가고 있었던 거야. 난 내가 알이 되어가고 있다고 여겼어.

모든 알은 깨어나지. 나비가 되고 새가 되기도 해. 나는 나비가 되고 싶다고 생각했어.

나는 총알인데 알이라고 생각했다니, 따지고 보면 우습지. 하지만 그땐 나의 정체를 알지 못했고, 점점 노란 알처럼 변해가고 있었으니까.

나는 날마다 할아버지의 허파 뒤에서 나비가 되는 꿈을 꿨어. 그런데 아무리 기다려도 날개가 생기지 않았어. 나는 더 짜증이 나고 답답해 미칠 것 같았어.

하지만 내가 할아버지의 몸속에 들어오게 된 이유를 알게 된 뒤부터 나는 더는 짜증을 내지 않기로 했어.

나를 할아버지의 몸속에서 살게 한 계엄군이 너무너무

미웠지만 참기로 했어.

할머니의 흔적도 찾지 못한 채 아들과 단둘이 살아온 할아버지가 이제는 머리까지 아픈게 너무 안타까웠거든.

총알이 있다는 연락은 어디에서도 오지 않았어. 총알을 찾으러 다닌 지 이미 한 달이 지났는데 할아버지는 반복되는 통증으로 더는 견디기 힘들어했어.

할아버지는 명수 할아버지와 아들에게 말했어.

“그동안 고생했어. 찾을 만큼 찾아봤으니 운명에 맡겨야지. ‘인명은 재천’이라는 말이 왜 있겠니.”

“며칠만 더 기다려봐요. 분명히 연락이 올 거예요.”

“그래. 총 맞고도 살았고……. 총알과도 수십 년 살았는데…….”

명수 할아버지는 가만가만 아들의 등을 두드리며 물기 어린 눈으로 할아버지를 바라보았어.

“다른 방법이 또 있을 거야. 우리 기운을 내자.”

그런데 며칠 후 기적 같은 일이 일어났어.

총알을 구한다는 할아버지의 이야기가 바람을 타고 멀리 퍼졌나 봐. 어떤 할머니가 바람이 전해준 말을 듣고 시민단체 활동가에게 연락을 해왔어.

활동가의 흥분한 목소리가 수화기 너머까지 들렸어.

"있대요! 총알! 찾았어요! 총알을 찾았어요!"

"감사합니다! 정말 감사합니다!"

할아버지의 통화 내용을 옆에서 듣던 명수 할아버지는 전화기에 대고 꾸벅 절을 했어.

시민단체 활동가와 할아버지는 버스를 타고 할머니를 만나러 갔어. 버스 안에서 할아버지는 생사조차 알 수 없는 할머니를 생각했대.

할머니가 옆에 같이 있었다면 어떤 표정을 지었을까, 총알 할머니의 나이가 할머니와 비슷한 또래일까, 하는 생각을 하면서 말이야.

할아버지는 총알을 가져온 할머니를 보자마자 손을 덥석 잡았어.

"반갑습니다. 저는 김용진입니다. 이렇게 나와 주셔서 감사합니다."

"이미순이에요. 당연히 도와드려야지요. 그때 총을 맞지 않았다면……."

갑자기 미순 할머니의 눈에서 눈물이 뚝뚝 떨어졌어.

미순 할머니는 45년 전 그날 대인시장에서 어머니를 도와 주먹밥을 만들었대. 가게에서 파는 쑥이며 달래, 냉이가 막 끝물일 무렵 계엄군이 시민을 마구잡이로 때리고 죽이는 광경을 본 거였어.

미순 할머니는 시민과 가족을 지키려고 계엄군에 맞서던 시민들을 위해 어머니와 같이 주먹밥을 만들고 시원한 물을 나눠줬대.

"주먹밥을 만들어주고 마실 물을 나눠줬다는 이유로 끌

려가 고문으로 만신창이가 되어 돌아온 어머니가 생각나요. 어머니는 배고픈 아들과 딸에게 먹이는 것처럼 정성을 다해 주먹밥을 만드셨어요."

"그때는 모든 사람이 다 용감했어요."

할아버지도 목이 멘 듯 가라앉은 목소리로 말했어.

"저는, 저는……. 겁쟁이예요. 총과 곤봉에 맞을까 봐 무서워서 주먹밥만 만들었어요. 한 번도 부엌 밖으로 나오지 않았어요. 그러다 부엌에서 트럭 위의 시위대들이 총에 맞는 것을 봤어요."

할아버지는 잡고 있던 미순 할머니의 왼손 위로 오른손을 포개며 말했어.

"아니에요. 용기와 힘을 준 주먹밥이었어요. 저도 맛있게 잘 먹었답니다. 지금도 대인시장 앞을 지나갈 때면 트럭 위에서 받아먹던 물과 주먹밥을 떠올리곤 해요. 우리를 살린 주먹밥이었어요"

미순 할머니는 주머니에서 나의 쌍둥이 형제를 꺼냈어. 미순 할머니가 빛바랜 복주머니 모양의 주머니 끈을 당길 때 내 가슴은 뛰었어. 콩닥거리는 소리가 할아버지와 미순 할머니 귀에까지 들릴 것 같았어.

미순 할머니는 할아버지에게 총알을 건네주었어. 총알을 본 할아버지는 몸을 부르르 떨었어. 총알을 받으려고 내밀던 손도 떨리고 있었어.

미소와 불편함과 분노 등이 섞인 복잡한 표정의 할아버지를 보며 미순 할머니가 말했어.

"빨리 병원에 가지고 가세요. 제발 이 총알이 그 기계에 붙지 않았으면 좋겠어요."

할아버지는 미순 할머니와 곧 헤어졌어. 인사말을 길게 나누지 않았어. 마치 오래전부터 알고 지낸 사람 같았고, 곧 다시 만나게 될 것 같은 느낌이 들었거든.

돌아오는 버스 안에서 할아버지는 창밖으로 봄이 시작

되는 풍경을 봤어. 며칠 전 다녀온 국립5·18민주묘지 무명열사의 제단에 피웠던 향냄새가 코끝에 어른거렸어. 새싹이 올라오는 잔디를 손으로 쓸며, 이름도 시신도 없이 스러져간 계엄군에 맞선 시민들을 생각했어.

낯선 땅 어디에 묻혀있는 건 아닐까.

산등성이 저 유난히 붉은 꽃, 발에 밟히는 이 들풀이 사라진 아내는 아닐까.

45년 전의 풍경과는 사뭇 다르지만 봄이 오는 모습은 변함없었어. 어디를 보아도 연둣빛 새순들이 초록으로 익어 가고 있어. 벚꽃이 졌으니, 산딸나무꽃이 피겠지. 할아버지의 두 손은 총알이 든 주머니를 만지작거렸어.

할아버지의 눈가는 촉촉하게 젖어 있었어. 할아버지는 시간이 멈춰버린 것 같은 느낌을 떨굴 수 없었어. 어떤 시간과 공간 속에 자신이 갇혀버린 느낌…….

다시 오월을
기억하게 되었어요

내 쌍둥이 형제는 몸통이 동그랗고 길면서 한쪽 끝이 뾰족하게 생긴 모습이었어. 복합적인 색깔이라고 할까. 짙은 수박색인 것 같다가도 달리 보면 회색과 검정의 중간인 것 같고, 군복 빛인가 하다 보면 빛바랜 낙엽 색깔 같기도 했어.

기억에도 없는 낯선 빛깔인데 어쩐지 익숙한 느낌이 들었던 게 사실이야.

할아버지의 손에 놓인 쌍둥이 형제는 길쭉해서 완두콩

같았지. 껍질을 까면 그 안에 조르르 들어있는 완두콩은 내가 형제들과 한 탄창에 들어있을 때의 모습과 비슷했어. 각각 날아간 곳은 다른데 한 곳에서 함께 부대꼈다는 것이 완두콩과 같잖아.

그제야 나는 내가 쌍둥이 형제처럼 생겼다는 것을 알았어. 사실 나는 할아버지의 폐가 아니었던 거야. 45년간 폐인 줄 알고 있었는데 난 총알이었어.

5.56밀리미터인 총알이 발사되면서 탄피를 벗고 더 작아진 몸피로 사람을 아프게 하고 죽이기도 하는…….

이토록 작은 우리가 사람을 죽이고 다치게 했다는 게 믿어지지 않았어. 초속 1킬로미터로 날아가는 속도가 그렇게 무시무시한 힘을 만든다는 게 말이야. 한편으로 내 몸피는 작은 게 아니라 바위보다 더 크다는 생각도 했어. 사람을 죽일 수 있는 힘은 '크기'에서만 나오는 게 아니잖아.

오래전 할아버지는 대패로 나무를 켜다가 손바닥에 비

집(손이나 발에 박힌 작은 나뭇조각 또는 가시)이 든 적이 있었어.

할아버지는 손바닥에 박힌 작은 나뭇조각 때문에 일주일이 넘도록 고생했어. 손바닥이 퉁퉁 붓고 고름이 찼으니 아플 수밖에. 나뭇조각이 피부 속 깊숙이 박혀 뽑아낼 수가 없었거든.

그때 명수 할아버지는 말했어.

"별 뾰족한 수가 없어. 고름이 찰 때까지 아파도 기다리는 수밖에."

난 그 말이 이해가 안 갔지만, 병원 가는 것을 싫어하는 할아버지는 그 고통을 참을 수밖에 없었어. 물론 일도 할 수 없었지. 고름을 짜냈을 때 할아버지는 허허허 웃었어. 참깨보다 더 작은 나뭇조각이 고름을 짜낸 상처 속에서 고름과 같이 나왔거든.

나도 결국 할아버지 손에 비집이 들게 한 나무 가시 같은 것이었어. 내가 할아버지 몸에 들어가 비집 들게 했던 거야. 나는 나와 내 주변이 노란 알처럼 커질 때 그것을 나비가 되기 위한 과정으로 생각했지만 사실 그건 염증이었던 거야. 내가 짜증을 내고 신경질을 부려 만들어진 염증이 무언가를 짓누르고 자극해 할아버지를 아프게 했던 거야.

쌍둥이 형제 중 하나를 아주 오랜만에 만나게 되었지만 하나도 반갑지 않았어. 더구나 그 형제는 나를 알아보지도 못했어. 총구에서 발사되면서 누군가와 같이 죽어버린 것 같았어.

난 부끄러워서 숨고 싶었어. 그래서 몸을 비틀어 뒤돌아 앉고 싶었어. 부풀어 오른 몸을 비틀어 되돌리는 것은 쉽지 않은 일이야. 예전처럼 내 마음대로 움직일 수 있는 몸이 아니거든. 내가 잠깐만 움직여도 할아버지는 머리가 아파서 금세 불편한 표정을 지었어.

손바닥 위의 총알은 미동도 없는데 나는 같은 국민을 죽게 한 쌍둥이 형제도 무서웠고 나도 무서웠어. 그리고 총과 계엄군은 더 무서웠어. 안보와 국가 안전이라는 이름으로 권력자들이 제 나라 국민을 죽이는 국가폭력이 무엇인지도 알게 됐어.

결국은 자기들의 권력을 유지하기 위해 자유와 민주화를 외치는 국민을 향해 마구 총을 쏜 거잖아. 우리를 총 밖으로 내보내도록 명령한 사람이야말로 폭도라는 사실도 정확히 알았어.

45년 전 계엄군은 라디오와 텔레비전 방송을 통해 시위에 참여했던 시민 모두를 폭도라고 말했어.

할아버지는 사람들이 모이는 곳이면 어디서나 목소리를 높였어.

"우리는 폭도가 아니야."

"우리 이웃과 내 가족이 살기 위해 새로 등장한 군부와

계엄군의 살상에 대항했을 뿐이야."

"시위대와 무장하지 않은 시민들에게 총을 쏘고 칼을 휘두르며 진압한 신군부 세력이 폭도야."

총에 맞고 칼에 찔려 피 흘리는 사람을 병원에 데려가고 부상자들을 위해 헌혈하고 의약품을 구하려 한 사람이 폭도라는 말은 얼토당토 않잖아.

나라를 지켜야 할 군인들이 같은 국민을 향해 총을 쐈다는 게 믿어지지 않았어. 총구는 적을 향해야 하고 총은 제 나라 국민을 보호하는 데 쓰여야 하잖아.

나는 쌍둥이 형제를 아는 척하지 않았어. 다행인지 불행인지 쌍둥이 형제도 할아버지 몸속에 있는 나를 알아보지 못했어.

의사 선생님은 MRI에 쌍둥이 형제를 가져다 붙여보았지. 난 두 눈을 꾹 감고 말았어.

"다행이군요. 반응이 없어요."

그제야 할아버지와 아들은 안도의 숨을 내쉬었어.

명수 할아버지는 할아버지와 아들의 손을 뼈가 부스러지도록 잡았어.

검사가 끝난 뒤 의사 선생님은 가만히 할아버지를 바라보며 명수 할아버지와 아들에게 이렇게 말했어.

"머리에 물이 많이 찼어요. 이 물이 뇌를 눌러서 머리가 아픈 거예요. 그런데 이상해요. 왜 머릿속에 물이 고이기만 하고 빠져나가지 않는지 모르겠어요."

사람 머리에는 뇌가 떠 있도록 하는 뇌척수액이라는 물을 만드는 곳이 있는데, 할아버지 머리에는 이 물이 흘러나가는 길이 막혀있다는 거야.

의사 선생님은 또 이렇게 말했어.

"뇌척수액이 빠져나갈 수 있는 관을 머릿속에 집어넣어야 해요. 머리가 아프지 않게 할 방법은 그것밖에 없어요."

할아버지는 곧바로 의사 선생님에게 대답했어.

"예, 선생님. 수술해 주세요. 건강해지고 싶어요."

아들도 명수 할아버지도 할아버지의 수술에 찬성했어.

할아버지는 사월 마지막 주에 수술하기로 했어. 수술할 날이 정해지자 할아버지는 미순 할머니에게 전화했어.

"덕분에 올해도 오월을 기억하게 되었어요. 고맙습니다. 저를 더 살게 해줘서 감사합니다. 병원에서 퇴원하는 대로 꼭 찾아뵐게요".

할아버지의 목소리가 가늘게 떨리고 있었지.

"수술이 잘되길 빌어요. 용감한 분이니까 잘 이겨낼 거예요."

미순 할머니의 진심이 전화기 너머로 뭉클하게 느껴졌어.

할아버지는 수술받을 준비를 마치고 나의 쌍둥이 형제를 아들에게 건네주었어.

"내 몸에 들어있는 총알과 똑같은 총알이야. 잘 갖고 있으렴."

아들은 눈물이 글썽글썽한 눈으로 할아버지를 바라보며 내 쌍둥이 형제를 건네받았어.

그 순간 아들의 눈물이 쌍둥이 형제에게 떨어졌어.

"아버지, 건강해지면 아버지가 미순 할머니에게 직접 돌려 드리세요. 수술은 잘될 거예요."

아들은 총알을 복주머니 안에 넣어 조심스럽게 챙기고 할아버지의 손을 잡았어. 할아버지가 미순 할머니를 처음 만났을 때처럼…….

나비가 된 우리는

모처럼 평온해 보이는 할아버지와 아들을 보니 나는 나비가 되고 싶지 않아졌어.

나는 할아버지 몸속에서 나만 생각하고 지냈지 뭐야. 그동안 아무 하는 일 없이 지낸 내가 몹시 부끄러웠어.

내가 혼자서 화내고 몸을 비틀수록 할아버지 머리는 더 아파왔어. 아마도 내 몸을 둘러싼 노란 막이 풍선처럼 부풀어 오르면서 할아버지의 머릿속 물길을 막아버렸던 것 같아.

내가 나비가 되려고 하면 할수록 할아버지의 몸은 죽어가고 있었던 거야. 45년 전에 몸속으로 들어와 할아버지를 죽이려 했던 것처럼……. 쌍둥이 형제처럼 차갑고 무서운 모양으로 생긴 것이 바로 나였어.

할아버지가 총에 맞던 순간을 기억해. 하늘에는 헬리콥터가 날고 있었지. 하늘에서 "폭도들에게 알린다. 투항하라. 광주 시민은 집으로 돌아가라"라고 쓰인 유인물이 기관총 소리와 함께 쏟아질 때 할아버지가 본 것은 한 마리 나비였어.

할아버지는 정신을 잃어가면서 명수 할아버지에게 말했대.

"명수야. 저기 나비가 있어……. 노란 나비야."

"들판……. 꽃길을 두고 여기 왜 왔지?"

명수 할아버지는 할아버지와 술 한잔씩 나눌 때면 이 이야기를 꺼내곤 하지. 어제도 명수 할아버지가 하하하

웃으며 말했어.

"너 또 병원에서 수술받다가 나비 볼 거야? 노란 나비?"

"45년 전에 한 마리였으니……. 이번엔 떼로 볼 거야? 나비 떼?"

명수 할아버지는 피를 많이 흘린 할아버지가 헛것을 봤다고 늘 말해왔어. 하늘에서 쏟아지는 유인물을 나비로 착각했다고도 했고.

하지만 할아버지는 기억을 못 해. 총 맞은 자리는 아프지 않았는데 그냥 눈물이 났대. 할머니와 아들이 눈물 속에서 보였대.

초승달이 떠 있을 때 병원으로 간 할아버지는 보름달이 둥실 뜰 때 집으로 돌아왔어.

난 여전히 할아버지의 왼쪽 폐에 남았어. 나갈 길을 찾지 못했고 아무도 나를 꺼내주지 않았어.

내가 성을 내고 앙탈을 부려 노랗게 부풀었던 몸은 내

형제처럼 길쭉하고 매끈해졌어.

할아버지가 병원에 입원해 수액을 맞을 때부터 찬물에 샤워한 것처럼 몸이 개운해지고 마음도 진정되었거든. 할아버지가 효자손으로 아픈 머리를 때리며 시원하다고 한 말을 이젠 이해할 수 있을 것 같아.

나비가 되고 싶다는 꿈은 버리지 않을 거야. 하는 일도 없는 내가 할 수 있는 것은 오로지 꿈을 꾸는 일이야.

할아버지가 어디 가든지 같이 다니고, 할아버지가 무얼 먹든지 같이 먹고 있어. 할아버지가 이야기하는 것도 나는 모두 기억해. 그럴 수밖에 없잖아. 난 손도 발도 없으니 폐 속에 들어앉아 할아버지가 행동하는 대로 움직이는 거지. 선택의 여지가 없어.

하지만 이제는 할아버지가 슬픔에 잠겨도 짜증 내지 않아. 내가 어떻게 할아버지의 몸에 들어왔는지를 아니까.

내가 어떤 나비가 될지는 아직 알 수 없어. 할아버지가 보았던 노란 나비가 내가 꿈꾸고 있는 노란 나비와 같을지는 알 수 없어.

분명한 것은 할아버지와 난 한몸이란 거야. 45년이 지난 지금까지 말이야.

머지않아 할아버지는 세상을 떠나겠지. 그날이 오면 나도 할아버지와 같이 국립5·18민주묘지에 묻히겠지.

나는 그곳에서도 나비가 되는 꿈을 꿀 거야. 세상 사람들에게 날아가는 노란 나비가 되는 꿈을 말이야.

할아버지는 병실에서 가끔 내게 말을 걸었어. 창밖으로 내리는 비를 보며 오래전 기억을 떠올리는 것 같았어.

하루는 이슬비가 내린 후 무지개가 떴어. 길고 선명한 반원의 무지개가 붉은 노을과 어우러지는 것을 바라보던 할아버지는 내게 말했어. 내가 들어오면서 만들어낸 긴 흉터를 만지면서 말이야.

"오랫동안 함께했구나. 우린 한몸이구나. 언젠가 나비

가 되어 날아다닐 거야. 너를 내 몸 안으로 들여보낸 발포 명령자도 결국은 무릎을 꿇게 되겠지. 진실은 언젠가는 스스로 드러나는 법이니까. 그때가 되면 우리는 세상의 모든 알처럼 깨어나 아름다운 날갯짓을 하는 나비가 될 거야".

난 할아버지의 손길을 느낄 때마다 편안해져. 미안함과 부끄러움은 사라져 버리지.

병원에서 퇴원한 후 할아버지는 건강을 회복했어. 전처럼 머리가 아프다고 효자손으로 머리를 때리는 일도 없어졌어.

할아버지가 할머니를 생각하며 상심에 잠길 때도 난 더는 화를 내거나 짜증을 부리지 않아. 왜냐면 짜증을 내면 그게 비집이 되어 내 몸이 노랗게 부풀고 바로 그때 할아버지의 머리가 아프기 시작한다는 걸 아니까.

할아버지는 이제 아프지 않아. 건강해진 거지. 화창하

고 다사롭게 빛나는 햇빛을 즐기며 산책도 해. 햇살의 감촉은 마치 살갗을 살살 문지르는 것처럼 부드러워. 그러니까 봄이 한창인 거지.

할아버지는 건강이 회복된 후로는 통증도 느끼지 않아서 밤에도 깨지 않고 푹 잤어.

할아버지는 꿈을 꿔.

한 마리 노란나비가 되어 너울너울 춤을 추듯이 배추꽃과 무꽃이 만발한 곳을 날아다녀. 오월이야. 할아버지가 가장 무서워하고 기억하고 싶지 않은 오월. 왜냐하면, 할아버지의 몸속으로 내가 파고들었던 때가 오월이니까.

하지만 노란나비가 된 할아버지가 배추꽃과 무꽃 사이를 날아다니는 지금은 그때의 오월과는 너무 달라. 내가 몸속으로 파고들던 때보다 훨씬 더 오래전의 평화롭던 오월인지도 몰라. 할아버지 나비는 한없이 한가롭고 우아한

날갯짓으로 날아다닐 뿐이야. 하늘은 푸르고 들판은 온통 순한 초록빛이야.

그때 다른 나비 한 마리가 저만치에서 날아와 할아버지 곁으로 갔어. 그건 할아버지가 그토록 찾던 할머니 나비일까. 그 나비는 할아버지와 달리 흰색인데 곧 할아버지 나비와 뒤엉켰다가 떨어지고, 뒤따르다가 원을 그리면서 어우러졌지. 그러다 꽃에 내려앉아 한참이나 꿀을 빨아 먹었어.

할아버지 나비가 하얀나비에게 물었어.

"넌 내 몸속에서 어떻게 밖으로 나왔어?."

할아버지의 몸속에 있는 건 바로 나인데, 그럼 내가 나비가 된 것일까? 어떻게 그럴 수 있지? 아, 할아버지가 나비가 되었으니 나는 꿈을 꾸고 있는지도 몰라. 할아버지와 한몸이니까 할아버지가 꿈을 꾼다면 당연히 나도 꿈을 꾸는 거겠지. 내가 할아버지의 몸속으로 들어간 뒤로 할아버지의 몸 밖으로 나온 건 이번이 처음이었어.

"할아버지 얼굴을 보고 싶었어요. 꼭 해야 할 말이 있어요."

할아버지 나비가 허공을 날며 다시 물었어.

"그래……. 나도 네가 보고 싶었단다."

하얀나비는 할아버지 나비 주위를 맴돌며 날갯짓을 했어.

"미안하단 말을 하고 싶었어요. 용서해 주세요."

할아버지 나비는 그런 하얀나비를 바라보며 말했어.

"어쩔 수 없었잖아. 너도 그러고 싶어서 그런 건 아니니까. 우린 한몸으로 잘 지냈잖니. 날 따라와. 탐스러운 배추꽃이 가득 피어 있구나."

할아버지 나비가 그 말을 남기고 하늘하늘 날아가기 시작했어. 그토록 바라던 나비가 된 나도 뒤처지지 않고 할아버지를 따라갔어. 내가 앞서다가 할아버지가 다시 앞서고 그러다 서로 뒤엉키다 보니 우리는 한몸이었다가 떨어지고 그랬다가 다시 한몸이 되는 것 같았어.

어디선가 또 다른 나비들이 날아왔는데 진짜 할머니 나비와 명수 할아버지 나비인지도 몰라. 우리는 춤을 추는 것처럼 함께 날아가기 시작했어.

세상에, 총알도 이별도 죽음도 없는 오월은 이렇게 아름다운 계절이구나. 노란나비가 나인지 하얀나비가 나인지, 아니면 할아버지인지 할머니인지 잘 구분되지 않은 채로 나비가 된 우리는 봄날의 꽃밭을 날고 또 날아다녔어. 그러다 보니 그곳이 꿈속인지 아닌지도 알 수 없었지만 우리는 한없이 펼쳐진 배추꽃과 무꽃 위를 날고 또 날았어.

그때 나는 빌었어. 제발 꿈에서 깨지 않기를. 아니, 꿈이 현실이고 현실이 꿈이기를.

"정말 긴 꿈이었고, 난 마침내 나비의 꿈을 이루었어."

광주시민

아름다운 상상

쑥쑥이

두 달 후 나는 태어난다. 정확히 말하면 58일 후 나는 엄마 아빠의 얼굴을 볼 수 있다.

나는 엄마와 아빠를 절반씩 닮고 싶지만 정작 내 얼굴은 보지 못한다. 손가락과 발가락, 머리털까지 완벽하게 다 자란 나는 엄마의 배 속에서 빨리 나가고만 싶다.

'쑥쑥이'는 내 태명이다. 말 그대로 건강하게 쑥쑥 잘 자라라는 엄마 아빠의 바람이 '쑥쑥이'란 태명에 담겨있다. 나는 내 태명이 좋다. 어쩌면 '쑥쑥이'란 이름 때문에 잘 자라고 있는지도 모른다.

내 키는 40센티미터에 가깝고 몸무게도 2킬로그램이 넘어간다. 피부는 아직 지방층이 차지 않아 주름투성이지만 눈을 깜박이기도 하고 세상의 밝은 빛을 볼 수도 있다.

지금 내가 할 일은 손과 발을 움직여 운동능력을 키우는 거다. 또 엄마 아빠의 목소리를 기억해야 하고 내가 둥둥 떠 있는 양수의 출렁거림과 냄새도 기억해야 한다. 그리고 고운 엄마의 노래와 아빠의 따뜻한 손길도 기억해야 한다. 나는 곧 세상 밖으로 나갈 준비로 매일매일 활기가 넘친다.

내가 세상에 나가기 위해 바쁜 것처럼 엄마 아빠의 일상도 쉴 틈이 없다. 하지만 매일 따뜻하고 편안하기만 한 건 아니다. 그 전에 내게 어떤 일이 닥칠지 예견할 수 없다. 어제도 엄마가 생선 가시에 엄지손가락을 찔렸다. 엄마의 손가락에는 금세 빨간 핏방울이 올라왔다. 난 놀라서 엄마의 배를 발로 찼다. 그리고 나도 모르게 내 엄지손가락을 입에 넣고 빨았다.

엄마와 아빠는 서로 닮은 듯 닮지 않은 성격이다. 엄마는 화가 나면 불같고, 매사에 신중하고 조용한 아빠는 엄마의 모든 것을 이해하는 편이다. 두 분은 서로 진심으로 사랑하고 있다.

아빠는 군 제대 후 대학에 복학하기 전까지 공장에 다녔는데 정부에서는 아빠를 '위장취업'했다며 괴롭혔다고 한다. 아빠는 엄마와 같이 낮에는 공장에서 일하고, 밤에는 야학에 공부하러 오는 학생들을 가르쳤다. 야학에서는 아빠 같은 대학생 선생을 '강학'이라고 불렀다. 학생과 선생의 경계 없이 서로 똑같이 배운다는 의미라고 했다.

광주 광천동성당 안에 있는 '들불야학'은 집안 형편이 어려워 공장에 다니거나 날품으로 일하는 사람들이 모여 공부하는 곳이다. 중 · 고등학교 교육과정을 똑같이 배우는데도 정식 학력은 인정받지 못했다고 한다.

'들불'은 엄마 아빠가 자주 쓰는 말로, "들불처럼 번져야 해!"라는 말로 대화를 끝내곤 해서 나도 어느새 친숙해졌다.

처음 들불야학을 시작한 사람들은 동학농민운동을 다룬 소설 『들불』과 노동운동가 스파이스의 최후진술에서 그 이름을 가져왔다. 하지만 난 이 말들이 무슨 뜻인지 알 수 없다.

우리가 사는 두 칸 방 중에서 나와 엄마가 낮잠을 자는 방 벽에 붙어있는 "불꽃은 들불처럼 타오르고 있다. 누구도 이 들불을 끌 수 없으리라"라는 액자를 볼 때마다 중요한 뜻일 거라고 짐작했을 뿐이다.

매일 엄마 아빠는 그 글귀에 눈을 맞췄으니까. 그럴 때 엄마 아빠는 조금 긴장된 모습이었고, 무언가 중요한 결심을 하는 것처럼 보일 때도 있었다.

엄마는 부모님이 일찍 돌아가셨다. 어부셨던 엄마의 아빠는 풍랑을 만나 배가 뒤집혀 돌아오지 못했고, 그 후 혼자 엄마를 키우던 엄마의 엄마는 파상풍으로 돌아가셨다. 그래서 엄마는 외할머니 손에 컸다. 엄마는 가난하게 자랐다고 했다.

늘 배가 고팠고 생리대 살 돈도 없었다고 했다. 그런데 가난이 무엇인지 모르는 나는 배가 고팠다는 말만 겨우 알아들었다.

나는 저녁상을 물린 엄마 아빠가 도란도란 이야기 나누는 모습을 좋아한다. 엄마의 목소리는 부드럽고 따뜻해서 기분마저 나른해진다. 아빠는 엄마의 이야기를 귀 기울여 듣다가 내가 들어있는 엄마의 배를 동그랗게 쓰다듬으며 마사지해 준다.

나는 그런 아빠의 손길을 느낄 때마다 기분이 좋아져서 배를 발로 툭 차곤 한다.

"텃밭 한쪽에 화단을 만들었어요."

엄마가 아빠에게 일과를 이야기하면 아빠는 궁금한 것을 묻곤 했다.

"흙을 파내느라 힘들지 않았어요?"

엄마는 언제나처럼 씩씩하게 말했다.

"자주 쉬었어요. 우리가 여름에 먹을 고추와 상추, 가지와 옥수수를 심고 나니 꽃도 심고 싶어졌어요. 우리 쑥쑥이가 태어나면 바라볼 꽃……. 봉선화도 심고 맨드라미도 심었어요."

아빠는 엄마의 어깨를 통통 두드려주며 또 궁금한 것을 물었다.

"화단 만들고 씨 뿌리는 방법은 어떻게 알았어요?"

어린 엄마와 외할머니는 봄이면 마당 한쪽 텃밭에 씨앗을 뿌리고 여름이면 상추와 고추, 가지를 땄단다.

아빠는 엄마와 달리 도시에서 태어나고 자라서 텃밭 일

은 잘 모른다고 했다. 지금도 아빠의 부모님은 우리가 사는 계림동 집에서 그리 멀지 않은 양동에 산다.

"시골에서 태어나 자라면 그런 것은 다 저절로 알게 돼요."

엄마의 어깨가 으쓱해지는 것이 느껴진다. 아빠는 그런 엄마에게 고개를 끄덕여주고 말했다.

"나는 교문에서 등교하는 아이들을 만나는 일이 정말 좋아요."

중학교 선생님다운 말이다. 아빠가 여기까지 이야기하면 엄마의 질문은 언제나 똑같이 이어진다.

"내가 당신을 짝사랑하는 거 어떻게 알았어요?"

"그냥 느껴졌어요. 야학이 끝나고 집으로 돌아가는 당신 뒷모습이 작은 새처럼 보였어요."

아빠가 내 몸무게 때문에 부은 엄마의 다리를 마사지하며 대답한다. 처음 아빠가 마사지해 줄 때 엄마는 부끄러워했다. 손도 발도 거칠어져서 아빠에게 보이기 싫다고 했고, 새벽에 나갔다 돌아온 아빠도 피곤할 텐데 마사지까지 해줄 필요 없다고도 했다.

하지만 아빠에게 설득당하고 말았다.

"쑥쑥이가 엄마를 힘들게 하니 마사지를 해야 해요."

요즘 엄마와 아빠는 곧 세상에 나갈 나를 위해 내 이름 짓기에 여념이 없다. 아빠는 한결, 한솔, 윤슬, 새벽 등 한글 이름이 어떠냐고 하고, 엄마도 좋다고 한다.

아빠는 중학교 선생님으로 발령받자마자 공장에서 사탕 포장 일을 하던 엄마에게 청혼했다. 가정형편 때문에 중학교에 진학하지 못한 엄마와 대학까지 나와 중학교 선생님이 된 아빠는 처지가 달라도 너무 달랐다. 그것을 누구보다 잘 알기에 엄마는 선뜻 아빠의 청혼을 받아들일 수 없었다.

그러나 엄마를 향한 아빠의 마음은 변함이 없었다. 아빠는 엄마가 거부해도 다른 사람과는 결혼하지 않겠다는 다짐을 말했다.

엄마는 하늘을 나는 듯한 행복을 느끼면서도 동시에 곧 깨질 것 같은 유리병을 손에 든 것처럼 조마조마한 심정으로 아빠의 청혼을 받아들였다. 들불야학에서 열심히 공부해 고입 검정고시를 막 통과한 스물여섯 살의 엄마는 아빠와 그렇게 결혼했다.

예상대로 아빠의 집에서는 처음에 엄마와의 결혼을 반대했다. 아빠는 엄마와 결혼 이야기를 할 때마다 미소를 지으며 말했다.

"난 별로 걱정하지 않았어요. 부모님이 당신을 알게 되면 귀한 사람인 것을 금방 느끼실 테니까요."

엄마는 언제나처럼 우울한 얼굴로 잠시 아빠의 얼굴을 바라보았다.

"난 무서웠어요. 당신을 잃을까 봐."

그리고 차분한 어조로 덧붙였다.

"우리 쑥쑥이가 따뜻한 당신을 닮았으면 좋겠어요."

어려운 가정환경에도 웃음을 잃지 않고 무슨 일이든 열심인 엄마의 모습에 아빠의 부모님도 마침내 승낙하셨다. 그리고 내가 엄마의 배 속에 생겨나게 되었다.

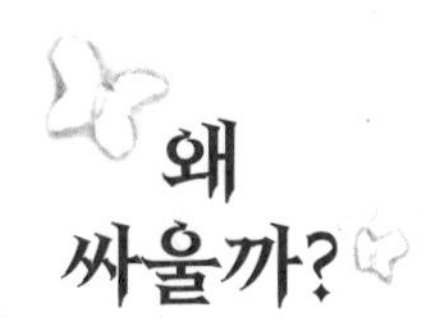

왜 싸울까?

아침 7시가 되면 아빠는 집을 나선다. 제일 먼저 학교에 도착해 교문 앞에서 학생들을 맞기 위해서다.

등교하는 아이들과 일일이 인사를 나눈다고 했다. 엄마와 나를 두고 집을 나서는 아빠는 골목 어귀를 돌아설 때까지 뒤를 돌아보며 손을 흔든다.

엄마는 아빠가 출근하고 나면 내게 끊임없이 아빠와의 이야기를 들려준다. 오늘 오전에 들은 이야기도 이미 지겨울 정도로 자주 들었던 내용이다.

엄마는 잠자리의 이불을 털고, 방바닥을 걸레로 닦고, 아빠가 보던 책상 위의 책들을 손으로 쓸어내려 먼지를 닦고, 들기름에 무쳐 고소하게 먹은 봄나물 그릇과 밥알 하나 남지 않은 밥그릇과 숟가락들을 설거지하며 내게 말했다.

"아빠는 네가 태어날 세상을 위해 좋은 일을 많이 하고 계신단다. 들불야학에서 엄마에게 공부를 가르쳐주셨고, 세상을 읽는 눈과 귀를 갖게 해주셨어. 엄마가 사탕 포장 공장에서 월급을 받지 못할 때도 노동조합과 근로기준법이 있다는 것을 깨우쳐 주셨지. 또, 사람과 사람이 평등하다는 것이 무엇인지, 여성과 남성의 평등은 또 어떤 것인지 알게 해 주셨단다. 아마 지금 근무하는 중학교에서도 아빠는 아이들에게 공부만 시키는 선생님은 아닐 거야. 아빠의 장점인 따뜻함으로 어려운 환경에서 학교 다니는 아이들의 이야기를 잘 들어주고 계실 거야."

매번 같은 이야기인데도 들을 때마다 아빠가 자랑스러웠다. 아빠의 얼굴도 빨리 보고 싶어졌다.

하지만 끝까지 이해할 수 없었던 말은 '군부독재의 탄압 종식'과 '계엄령 해제'를 위해 아빠와 많은 사람이 싸우고 있다는 이야기였다.

그건 무슨 말일까?

아마도 텔레비전 뉴스에 자주 나오는 대학생들의 시위에 관한 이야기 같았다. 대학생들은 군부독재 타도와 계엄령 해제를 주장했다. 군부독재니 계엄령이니 하는 말이 무슨 뜻인지 나는 알 수 없다. 그렇지만 내가 잘 모르는 그런 말들을 대학생도 아닌 아빠는 자주 이야기했다.

집 안이 먼지 한 톨 없이 깨끗해지면 엄마는 호미를 들고 화단으로 간다.

아빠가 집에 오자마자 하는 일은 연탄을 가는 것이다. 아빠는 엄마가 연탄 가는 것을 싫어했는데 연탄가스가 엄

마와 나의 건강에 해롭기 때문이라고 했다.

그래서 아빠는 연탄 가는 시간을 아빠가 집으로 돌아오는 시간에 맞춰놓았다.

아궁이에서 꺼낸 연탄들은 화단 근처에 쌓아두었다. 완전히 타버린 연탄은 언뜻 보면 분홍빛인데 사실 흰색에 더 가까웠다. 하얀색과 검은색이 희끗한 연탄의 색깔 변화가 신기했다.

엄마는 연탄을 호미로 깨고 발로 밟았다. 스물두 개의 구멍을 세기도 전에 연탄은 금방 흙이 되었다.

엄마는 아빠가 깨 둔 연탄 가루와 직접 깨트린 것들을 모아서 화단에 뿌릴 생각이었다.

호미는 지난 일요일에 아빠와 같이 양동시장에 가서 사왔다. 집에서 가까운 대인시장이 있었지만, 엄마와 아빠는 양동시장까지 걸어가는 것을 좋아했다. 두 사람은 손을 잡고 걸으며 끊임없이 이야기했다.

"죽을 만큼 힘들 때면 양동시장에 자주 갔어요. 뭐든지 살아서 퍼덕거리는 곳이잖아요. 활기 넘치는 시장에 있다 보면 나도 열심히 살아야겠다는 생각이 들었죠. 다시 힘내서 살아갈 기운이 나요."

꿈꾸듯 이야기하는 엄마에게 아빠가 말했다.

"쑥쑥이와 내가 그 기운이 되어줄게요."

엄마 아빠의 이런 이야기를 들을 때마다 나는 또 빨리 세상 밖으로 나가고 싶었다.

이 지역에서 가장 큰 양동시장에는 없는 게 없다. 온갖 먹거리와 생활용품과 농기구와 꽃과 나무에 이르기까지, 필요한 모든 것이 그곳에 있었다.

아빠는 어린이용품을 파는 곳에서 잠깐 걸음을 멈췄다. 보행기와 유모차를 파는 곳인데, 엄마는 쑥쑥이가 태어난 후에 사도 늦지 않다며 아빠의 소매를 잡아끌었다.

엄마가 아빠와 양동시장에서 사 온 것은 가지와 옥수

수, 고추와 상추 모종과 봉선화와 맨드라미 씨앗이었다. 화단은 땀을 흘린 만큼 오밀조밀하게 변해갔다. 점점 자라기 시작하는 잡초부터 뽑았다.

"세상에 쓸모없는 풀은 없대요. 사람이 못 먹는다고 뽑아버리는 잡초도 어딘가에 쓸모가 있대요."

뽑은 잡초를 보며 엄마가 아빠 목소리를 흉내 내어 말했다.

"옥수수도 먹고 싶고 가지도 먹고 싶어요. 우리 쑥쑥이가 태어나면 손톱에 물들일 봉선화꽃도 피워야 해요."

기분이 좋은 듯 엄마는 노래를 부르는 것처럼 말했다. 말하면서 엄마는 능숙하게 오른손으로 호미질을 하고 왼손으로 잡초를 뽑았다. 그리고 그 위에 연탄재를 뿌렸다. 호미로 흙을 파낼 때 나온 작은 돌은 화단 가에 조르르 박았다. 그리고 먼지처럼 작은 검은색의 채송화 씨앗을 뿌렸다.

엄마의 이마에 땀이 송글송글 맺혔다. 나는 쭈그려 앉은 엄마를 쉬게 하고 나를 잊지 말라는 신호로 가끔 엄마의 배를 발로 찬다.

10센티미터 크기였던 옥수수가 두 배는 자란 것 같고, 가지는 벌써 보라색 꽃을 피웠다. 몇 주 전 아빠가 사 와서 먹었던 꼬막 껍데기도 돌 사이사이에 줄을 세워 박았다.

엄마는 꼬막을 무척 좋아했다. 꼬막철이 되면 아빠는 엄마를 위해 꼬막을 사 와 삶아주었다.

"겨울이 올 때까진 꼬막 못 먹어요. 마지막이니 많이 먹어요."

엄마는 아빠가 까주는 꼬막 속살을 아가처럼 받아먹으며 바구니에 꼬막 껍데기를 모아두었다.

나는 엄마 배 안에서 줄무늬가 선명하다는 꼬막 껍데기가 어떤 모양인지 궁금했다.

집안일과 화단 가꾸기까지 마치면 엄마는 배 속의 나를 위해 우유 한 잔을 마시며 라디오를 켜고 책을 읽는다.

열어둔 창으로 부드러운 바람과 햇살이 들어와 방 안에 가득 찬다. 구름이 하늘을 지나면서 잠깐잠깐 그늘을 드리우지만, 평화롭기만 한 그 시간을 나는 좋아한다.

소리 내어 책을 읽는 엄마의 목소리를 듣다 보면 금방 나른해져서 엄마와 나는 한몸으로 낮잠에 빠져들곤 한다.

엄마가 읽는 책들은 다양하다. 나를 위해 동화책을 읽어주기도 하지만, 아빠가 학교 도서관에서 빌려온 책이 대부분이다.

책의 마지막 장에는 아빠가 다니는 학교 이름이 선명하고, 책을 빌려갔던 사람들 이름도 빼곡하게 씌어 있다.

요즘 엄마가 읽는 책은 『자주고름 입에 물고 옥색치마 휘날리며』라는 책이다. 편지를 모아놓아도 한 권의 책이 될 수 있다니.

글쓴이는 자기 딸이 살아갈 인생의 길잡이를 일러주고 싶어 편지를 썼다고 했다. 그 사실은 아빠가 엄마에게 설명해 주어서 알았다.

내가 딸인 것을 아빠가 어떻게 알아차렸는지 알 수 없지만, 나는 이 편지들이 내게 들려주는 아빠의 이야기라고 믿고 싶다.

엄마가 읽어주는 동화 『강아지 똥』은 재미있어서 웃음이 나오면서도 한편으로는 슬펐다. 아빠가 쓸모없는 풀은 없다고 한 이야기가 강아지 똥을 말하는 것 같았다. 나중에는 예쁜 민들레꽃을 피워내겠지만 아직 그 단계가 아닐 때 강아지 똥은 잡초 같았다.

그러니 예쁜 민들레꽃을 품고 있는 강아지 똥을 잡초라고 무시할 수 없다고 아빠는 강조했다. 교복도 못 입고 공장에서 잡초처럼 살아가는 예전 엄마 같은 노동자들도 사실은 민들레꽃을 품은 사람들이라고 했다.

불안한 함성 소리가 들려

집 밖 저 멀리 도청 근처에서 사람들이 한꺼번에 지르는 소리가 메아리처럼 들려온다. 그 사이로 누군가 마이크에 대고 연설하는 소리도 들려온다. 선창을 따라 구호를 외치는 군중의 소리도 어렴풋이 들린다.

아빠는 도청에 모인 사람들이 민주화를 요구하는 대학생들이라고 엄마에게 알려주었다. 오늘도 그들이 도청 앞에 모여 노래를 부르고 그들이 원하는 세상을 이야기하는 모양이다.

엄청난 함성이 우렁우렁 들려오면 거기에 신경을 쓰는지 내게 동화를 읽어주는 엄마의 목소리가 점점 작아진다. 그럴 때면 나도 덩달아 그 함성에 귀를 기울이게 되고 만다.

버튼만 누르면 음악을 쏟아내던 라디오가 오늘따라 이상하게 지직거린다. 알 수 없는 불편함이 라디오에서 느껴진다. 누워서 책을 읽어주던 엄마는 일어나 창가에 놓인 라디오 앞으로 가서 안테나를 이리저리 움직이고 창문을 열었다 닫으며 주파수를 맞추려 했지만, 오히려 더 큰 소음만 쏟아져 나온다.

마침내 엄마는 라디오를 탁탁 손으로 쳐대기까지 했다. 나는 느닷없는 소음에 귀가 아파서 엄마에게 라디오를 꺼버리자고 발로 배를 마구 찼다. 라디오의 지직거리는 소리 때문인가. 라디오에서 들려오는 소리는 뭔가 모르게 엄마와 나를 불안하게 만들었다.

엄마는 라디오를 끄고 녹음기를 틀었다. 테이프가 돌고 모차르트의 태교 음악이 흘러나오는 동안 나는 다른 날처럼 평화로워지고 싶었다.

부드러운 음악은 내가 몸을 담고 있는 엄마의 양수처럼 따뜻하고 편안해지는 리듬이었다. 다른 날 같으면 나는 이쯤에서 잠이 들었을 것이다. 부드럽고 따뜻해져 스르르 잠에 녹아들곤 했다.

그런데 이상했다. 엄마의 심장과 겹친 내 심장은 점점 더 불규칙해진다. 두근거림이 진정되지 않았다.

결국 엄마는 낮잠을 자지 못했고, 나 역시 낮잠을 잘 수 없었다. 나는 피곤하고 불안한 상태가 되어 자꾸 엄마의 배를 찼다.

내가 배를 차는 이유는 다양하다. 배가 고플 때도 차고, 신 것이 먹고 싶을 때도 찬다. 아빠가 축구를 볼 때도, 엄마와 다정한 이야기를 나눌 때도 '나 여기 있어요!' 배를 차며 신호를 보낸다.

엄마는 내가 들어있는 배의 배꼽 아래로 손을 받치며 일어서서 방안을 걸었다. "괜찮아, 괜찮아" 하면서 나를 진정시키려고 애썼다. 엄마는 내가 불안해하는 이유를 알고 있는 것 같다. 나도 엄마가 불안해하는 이유가 뭔지 알 것 같다.

저 멀리 도청 쪽에서 또다시 사람들의 "와아!" 하는 함성이 들려온다.

며칠 전 집으로 돌아온 아빠가 엄마에게 읽어주었던 누런 종이의 내용이 저 함성과 연관이 있을 것만 같다.

제 1 시국 선언문

민족적 양심과 민주적 지성의 부름으로 우리가 그간 역사 앞에 외쳐왔던 목소리는. 타율과 강압에 수그러들기도 여러 차례 있어 왔으나, 끝내 불붙은 민주에의 열정은 오늘의 역사적 전환기를 앞당겨 가져오게 되었다. 우리는 4월 혁명의 의로운 피가 헛되지 않도록 그 피의 도정을 계속 밟아왔고, 모골이 송연한 유신공포정치 아래서도 끝까지 투쟁하여 오늘에 이르렀다.

……

그런데, 조국의 현실은 독재자 한 사람의 영면이 마치 구악과 적폐의 일소인양 오도시키는 무서운 무리들 때문에, 민주 · 민족 세력이 역사의 주체가 될 수 있는, 어쩌면 우리 세대의 마지막일지도 모르는 이 기회를 잃지나 않을까 하는 심한 우려를 낳게 하고 있다.

……

그간 우리는 유신잔당이 우글거리는 현 과도정부에 의한 개헌망상을 규탄해왔고, 계엄령의 즉각 철폐를 요구했으며, 생산 일선의 노동자 · 농민의 피의 절규를, 까뭉개지 말도록 강력히 요구해 왔다.

이에 다음과 같은 결의로 우리의 입장을 재천명한다.

1. 현 과도정부는 5월 14일 이내에 비상계엄을 즉각 해제하라.
   만약, 범 대학적인 우리의 요구가 관철되지 않을 때는 어떠한 행동도 불사할 것을 선언한다.

1. 우리의 민주적 행동을 사슬로 묶으려는 휴교령은 온몸으로 거부할 것이며, 이에 대해 전국 대학인의 행동 통일을 촉구한다.

1. 정부 주도의 개헌 공청회를 규탄하며 5월 20일 여수에서 개최되는 개헌 공청회를 민족의 이름으로 거부할 것이며, 아울러 양식 있는 교수님들의 참석을 극력 반대한다.

1980. 5. 8.

전남대학교총학생회

조선대학교민주투쟁위원회

그날 엄마와 아빠는 잠들지 못하고 오랫동안 이야기를 나눴다. 나직한 목소리 사이로 나 역시 잠들지 못했다.

아빠는 민주화와 개헌 · 계엄철폐 요구는 대학생들뿐 아니라 우리나라 국민이면 누구나 요구하는 것이라며 엄마와 나를 다독였다.

아빠가 광천동성당의 들불야학에서 엄마를 만난 것처럼, 엄마도 그곳에서 좋은 친구들을 만났다. 엄마보다 나이 많은 언니나 오빠들도 있었다.

야학에서는 여자 남자 성별을 따지지 않고 자신보다 나이가 많으면 형이라고 불렀다고 들었다. 존중의 의미라고 한다. 그곳 들불야학 식구들은 모두 서로서로 존중했다. 엄마와 아빠는 그 친구들을 학생과 선생이 아닌 동지라고 불렀다.

엄마는 그 동지들과 함께 있을 때 가장 빛나고 예뻤다. 목소리에 힘이 들어갔고, 내가 들어있는 배를 앞으로 쭉

내밀기까지 했다. 특히 엄마와 같은 공장에 다녔고 지금도 다니고 있는 미순이 이모는 그런 엄마를 많이 아꼈다. 우리 집에 엄마를 찾아올 때마다 배 속의 내 안부를 물었고, 최근에는 내가 태어나 입을 옷도 엄마에게 선물해 주었다.

미순이 이모와 엄마는 사탕 공장에서 만났다. 미순이 이모는 보육원에서 자랐고 부모가 누구인지 기억할 수 없다고 했다. 미순이 이모와 엄마는 부모님이 안 계신다는 공통점으로 친해졌고, 야학에 같이 다니면서 자매처럼 지내게 되었다.

공장 기숙사에서 서로 의지하며 비밀 없는 사이로 지냈다. 엄마가 아빠를 짝사랑할 때 미순이 이모는 누구보다도 엄마와 아빠의 사랑이 꼭 이루어지길 바랐다.

며칠 전에 미순이 이모와 들불야학 동지들이 엄마를 찾아왔다. 엄마는 동지들과 작은 목소리로 말하면서 네모난 누런 종이를 주고받았다. 뭔가 심상치 않은 일 같아서 어떤 내용이 적혀있는지 알고 싶었다.

그러나 엄마는 눈으로 쓱 훑어보고는 작은 네모로 접어서 호주머니에 넣어버렸다. 그 종이에서는 채 마르지 않은 잉크 냄새가 났다.

“너는 쑥쑥이랑 집에 있어. 우리가 세상을 지키고, 만들게.”

미순이 이모의 말은 평소와 달리 비장하게 들렸다. 내가 배 속에 있으니 엄마에게 나서지 말라고 하는 것으로 보아 위험한 일인 것 같았다. 또 다른 동지가 말했다.

“거리에서 같이 있지 않는다고 해서 함께하지 않는 것이 아니야.”

“우리가 살아남을 수 있을지는 아무도 몰라. 너는 살아서 쑥쑥이에게 우리 이야기를 전해줘. 사람들이 우리를 잊지 않도록…….”

이쯤 되고 보니 이들의 대화가 점점 더 비장하게 들린다. 뭔가 단단히 결심한 듯한 말이었다. 나는 그 결심이 죽을 수도 있는 위험한 일이라는 것쯤 어렵지 않게 알 수 있었다.

텔레비전 뉴스에 나오던 대학생들의 시위와 관련된 이야기일 수도 있다. 혹은 도청 쪽에서 들려오는 함성이나 마이크로 외치는 주장 혹은 요구일 수도 있을 것이다.

작년 가을, 18년 동안이나 대통령 자리에 있던 사람이 느닷없이 총에 맞아 죽은 뒤 세상은 걷잡을 수 없이 시끄러워졌다.

유신독재가 종식되고 새로운 시대가 열릴 기회가 왔다고 사람들은 말했다. 지금이야말로 민주화와 자유로 가는 시대가 열린 것이라고도 말했다. 총에 맞아 죽은 대통령은 군인 출신으로 자기와 반대의견을 가진 사람이면 다 잡아 가두고 고문했다고 한다.

그런데 대통령이 죽은 지 얼마 안 되어, 나라를 지키는 군인들이 총을 들고 나타나 죽은 대통령이 했던 것과 같은 일을 하고 있다고 아빠는 말했다. 그 말을 듣는 엄마의 얼굴이 어두워졌고, 양수 속에 있는 나도 덩달아 우울해졌다.

아빠는 사람들이 밤에 돌아다니지 못하도록 군인들이 통행금지령을 내렸다고 했다. 그전에는 대학가에 민주화 요구 시위가 거세지면 '치안 유지'를 핑계로 시위와 집회를 막는 위수령을 내렸다.

지난번 대통령은 부산과 마산의 민주화 요구 시위에 위수령을 내렸고, 머잖아 부하의 총에 죽었다고 한다. 위수령은 치안 유지에 군대를 동원하는 계엄령과 비슷하지만, 국회 동의가 필요 없다는 점에서 계엄령과 다르다고 한다. 나라를 지키고 국민을 보호해야 하는 군인들이 반대 의견을 말하는 국민을 잡아가고 고문도 한다고 했다. 그

렇다면…… 이런 상황을 계엄이라고 하는 걸까.

엄마 아빠를 찾아온 야학 동지들은 무언가 긴밀한 일을 하려는 것 같았다. 팽팽한 긴장감이 그것을 말해주었다. 그래서 나는 엄마와 동지들이 나눈 대화 내용을 잊지 않고 싶었다. 정확히 알 수는 없지만, 표정이 무거워 보였고 모두가 결의에 차 있었다.

엄마 아빠와 들불야학 동지들은 슬픈 표정으로 손을 맞잡고 등을 두드리며 헤어졌다. 엄청난 속도로 달려갈 말이 갈기를 세우고 막 한 발을 떼는 것 같은 장면이었다.

미순이 이모는 문밖을 나서다 말고 되돌아와 엄마를 껴안고 내가 들어있는 배를 한참 동안 쓸어내렸다. 마치 마지막 인사를 나누기라도 하듯이. 그런 뒤에 말했다.

"잘 있어. 꼭 건강하게 세상에 나와야 해."

"쑥쑥이가 태어나 살아갈 세상은 민주화된 아름다운 세상일 거야."

무서워요, 아빠!

엄마와 나의 일상은 다시 단조로워졌다. 호수에 돌멩이가 떨어지면 파문이 일다 다시 잔잔해지는 것처럼 말이다.

아빠가 학교에 가고 나면 엄마는 집안일을 하고 화단을 가꾼다. 물뿌리개에 물을 받아 화단으로 간다.

천천히 걸으며 노래를 부르고 돋아나는 새싹에 물을 준다. 엄마가 낮은 목소리로 불러주는 노래를 들을 때 난 평화롭다. 햇빛에 반짝이는 물은 슬리퍼를 신은 엄마의 발가락을 적시기도 하고 때때로 화다닥 튀어나온 땅강아지 같은 벌레들 위로도 뿌려졌다.

난 엄마가 물뿌리개로 화단에 물을 주는 것이 좋다. 내가 곧 태어나 자라면 하고 싶은 일이다. 하지만 엄마는 하던 일을 멈추고 가끔 크게 한숨을 쉰다.

매일 같은 일이 반복돼도 지루하지 않다. 라디오에서 나오는 음악은 늘 새롭게 들리고, 흘러가는 하늘의 구름도 다른 모습으로 나타난다. 강아지, 코끼리, 말 등 동물 모양의 구름도 있고, 갑자기 회색 구름이 몰려와 소나기를 흩뿌리는 날도 있다. 엄마는 내게 하늘의 구름 모양을 보면서 강아지와 코끼리와 거북이 등을 알려주었다.

엄마와 아빠는 밤이면 마당에 나가 밤하늘의 쏟아지는 별을 손가락으로 가리키며 내게 곰 자리와 북극성 등을 알려주었다. 나는 개밥바라기별이 가장 좋다. 캄캄한 밤하늘에서 가장 빛나는 별이다.

엄마와 나는 날마다 책을 읽다가 낮잠에 빠져들었다. 따뜻한 방 안의 공기에 몸이 노곤해지면서 졸음이 밀려왔다. 엄마와 내가 낮잠에서 일어나는 때는 큰 방을 가득 채운 햇살이 사라지기 시작하는 순간이다.

자면서 흘린 땀으로 기분 좋게 축축해진 엄마는 곧 몸을 일으켜, 학교에서 돌아올 아빠를 기다리며 저녁을 준비했다.

그릇 부딪는 소리와 도마 위의 칼질 소리는 언제 들어도 맛있는 소리다. 그 사이로 간간이 끼어드는 엄마의 콧노래도 듣기 좋다. 그러다 엄마는 간혹 내게 말을 건다.

"잘 잤니. 아빠가 곧 돌아오실 시간이야."

부드러운 속삭임이다. 난 나른해지고 한 뼘은 더 자란 기분으로 엄마의 배를 발로 톡톡 찬다.

엄마 아빠는 된장국을 좋아한다. 나도 감칠맛 나는 된장국이 좋다.

저녁 준비가 끝나면 동그란 밥상에 시금치나물과 계란말이와 배추김치와 깍두기가 정갈하게 차려지고, 엄마는 아빠의 숟가락과 엄마의 숟가락을 마주 보게 놓는다. 연탄불 위에서는 고소한 냄새를 풍기며 밥에 뜸이 든다.

된장국 냄새와 고소한 기름 냄새가 집 안에 가득 떠다닐 때 난 또 엄마의 배 속을 떠나 세상 밖으로 나가고 싶어진다. 시간이 지나고 때가 되어야 엄마 아빠 얼굴을 볼 수 있는데 말이다. 엄마의 배 속에서 느끼는 냄새도 좋지만, 세상에 나가 직접 그 냄새를 맡아보고 싶다. 냄새뿐 아니라 음악도 마찬가지다.

때때로 나는 세상 밖에서 만나고 겪어야 할 일들에 대해 생각해보았다. 과연 아빠만큼 넉넉한 마음으로 사람들의 마음을 잘 헤아릴 수 있을까, 그런 걱정도 잠깐씩

했다.

잠들기 전, 낮은 목소리로 아빠와 엄마가 나누는 이야기 속에서 내가 살아갈 세상은 지금과는 다른 세상일 것이라는 생각도 했다. 지금과 다른 세상이란 어떤 세상일까 궁금했지만, 지금 세상이 어떤지 모르는 내가 바깥으로 나왔을 때의 세상을 상상하기란 어려웠다.

엄마와 아빠는 행복하다는 말을 서로 자주 건넸다. 그렇지만 집 바깥세상은 그다지 행복한 모습이 아닌 듯하다. 두 사람의 말을 듣다 보면 세상은 고쳐야 할 일투성이어서, 달리지 못하는 고장 난 자전거를 보는 것 같다. 일단 총 든 군인들이 나라를 지키는 군부대로 다시 돌아가야 한다고 아빠는 말하곤 했다.

그래서 계엄이라는 것이 어서 해제되고 사람들이 총 든 군인들 눈치 안 보고 자유롭게 자기 생각을 말할 수 있어야 한다고 했다.

하지만 아빠와 엄마의 세상 걱정에도 불구하고 나는 늘 즐겁고 아름다운 상상 속으로 이끌려 들어갔다. 아빠가 엄마에게 자전거 타는 것을 가르쳐 줄 때 나도 자전거를 타고 싶고, 아빠가 사고 싶어 한 유모차에 앉아 뒤에서 밀어주는 곳으로 가고 싶다.

꽃이 피면 엄마가 묶어 줄 봉선화 물이 든 붉은 손톱도 빨리 보고 싶고, 아빠가 까주는 꼬막 살을 엄마처럼 받아 먹고 싶다.

어느새 어둠이 내려앉았다. 엄마는 텔레비전을 켰다. 텔레비전은 야학 동지들의 결혼 기념 선물인데 엄마는 이 14인치 텔레비전을 무척 아꼈다. 만화영화 시간 아니면 텔레비전을 켜는 일이 별로 없었는데, 이상한 일이다. 요즘 들어 부쩍 텔레비전을 켜고 바깥에서 벌어지는 일에 귀를 기울이는 때가 많다.

텔레비전에서는 무언가 시끄럽고 긴박한 내용이 나오

고 있다. 갑자기 엄마의 심장이 빠르게 요동친다. 그 박동이 나에게도 전해져 내 몸과 심장까지 덩달아 불편해진다.

화면에는 천으로 얼굴을 가린 사람들이 돌을 던지거나 다친 사람들을 업고 달리는 모습이 보인다. 상가는 모두 문을 닫았고 검게 그을린 차에서는 연기가 쉼 없이 치솟는다.

최루탄이 터지면서 거리 전체가 하얀 가루에 휩싸였다. 총부리에 대검을 꽂은 군인들도 보였다. 시민들은 아무것도 손에 들지 않았지만, 군인들은 총에 곤봉까지 각종 무기를 들고 있다. 그런데도 사람들은 무섭지 않은지, 거리를 빽빽하게 메우고 무언가 외치고 있다.

아, 도청 앞 광장이 저런 모습이겠구나. 어쩌면 군인들에게 물러나라고, 계엄을 해제하라고 소리치는 것은 아닐까. 어쩌면 미순이 이모도 저 사람들 속에 함께하고 있는

게 아닐까. 이제는 야학 동지들이 찾아와서 이야기 나눈 것이 모두 그 때문이었다는 확신이 든다.

엄마도 집에 찾아온 형과 미순이 이모가 걱정되는지 금세 표정이 어두워졌다.

광주에 폭동이 일어났습니다. 폭도가 날뛰고 있으니 광주시민 여러분은 집 밖으로 나오지 마십시오.

텔레비전에서 들리는 소리는 아나운서의 목소리만이 아니었다.

"세상에 자비를! 부처님 오신 날"이라고 쓰인 거대한 광고탑 위로 상공을 선회하는 헬리콥터에서 내보내는 마이크 목소리도 선명하게 들렸다.

폭도들에게 알린다.

폭도들에게 알린다. 투항하라.

투항하면 더 이상 죄는 묻지 않겠다.

엄마는 이리저리 텔레비전의 다이얼을 돌렸지만, 채널이 바뀌어도 지직거리는 화면은 모두 '폭동'을 알리는 속보로 채워져 있고 내용도 거의 비슷했다.

그러다가 뉴스가 끝났는지 한 채널에서는 미스코리아 선발대회와 부처님 오신 날 경축 행사를 보여주었다. 이상하게도 긴박하고 무서운 소식들보다 미스코리아 선발대회 장면의 화려함과 부처님 오신 날 경축 행사의 평화가 더 낯설게 느껴졌다.

화면 속의 폭동을 알리는 속보가 '진짜'이고 미스코리아 선발대회나 부처님 오신 날 경축 행사는 '가짜' 같았다.

나는 텔레비전 보는 것을 좋아한다. 엄마가 나를 위해 우유 한 잔을 마시고 모로 눕거나 등에 쿠션을 대고 앉아 텔레비전을 볼 때면 나도 엄마 배 속에서 엄마와 같은 자세로 누워 손가락을 빨았다.

엄마는 일주일에 두 번 같은 시간에 『플랜다스 개』를 보여주었다. 만화영화에 나오는 네로와 파트라슈를 보면서 내가 세상에 태어나면 강아지를 한 마리 길러야겠다고 생각했다. 강아지가 나를 지켜줄 것 같았다.

하지만 오늘은 만화영화를 틀어주는 날이 아니었고, 텔레비전에서는 여전히 '불순세력의 폭동'에 관한 광주시 속보가 나오고 있다.

오전 9시 전남대 앞에서 최초로 계엄군과 충돌했던 전남대생 2백여 명이 광주 시내 중심가로 출동하여 '계엄철폐' 등의 구호를 외치며 시위가 점차 격렬해졌습니다.

아나운서의 긴장한 목소리가 텔레비전을 통해 흘러나왔다.

오후 2시께는 1천여 명으로 늘어나 경찰과 투석전으로 대치하면서 파출소 투석, 경찰차 방화 등 시위가 격렬해짐으로써 경찰력만으로는 수습할 수 없는 상황에 이르게 되었습니다.

이에 계엄 당국은 오후 4시 40분께 광주지역 주둔 병력의 일부로써 폭력 저항을 조기 수습하려 하였으나 대부분의 학생들은 투석과 폭행으로 대항하였고 일부 불순세력에 의해 의도적으로 유포된 것으로 보이는 유언비어에 흥분한 주변 건물의 일부 시민이 합세하여 군인에게 투석하였습니다.

쌍방 간에 부상자가 발생하자 상호 감정이 폭발하여 욕설과 고함으로 대결하게 되었습니다. 젊은 군인들이 격렬

한 난동의 와중에서 저지 임무를 수행하게 됨으로써 자연히 시위 학생을 군중의 면전에서 저지 연행하지 않을 수 없었고, 학생들의 저항으로 인하여 다소 과격한 충돌이 벌어지는 상황이 되었습니다.

그러나 상호 간에 부상자는 발생하였으나 단 한 사람의 사망자도 없었습니다…….

어제보다도 더 위태로운 일이 벌어지고 있는 게 확실했다. 도청 쪽에서 들려오는 함성이 더 커진 것도 불안했다.

국방부 장관이 대국민 담화하는 것을 지켜보던 엄마는 아빠와 통화하려고 전화기의 다이얼을 돌렸다.

그러나 '뚜-' 하는 신호음만 갈 뿐 학교에서는 전화를 받지 않았다. 다이얼을 돌리는 엄마의 손이 가늘게 떨렸다.

다시 엄마는 며칠 전 우리 집에 와서 같이 저녁밥을 먹었던 들불야학 동지들이 있는 곳에 전화를 걸었다. 역시

신호음만 갈 뿐 전화를 받는 사람은 없었다. 엄마는 검은 전화기의 하얀 다이얼을 바라보다 힘없이 수화기를 내려 놓았다. 그리고 내게 들으라는 듯 말했다.

"모든 전화를 끊어버렸구나. 상황이 점점 나빠지고 있어. 아빠와 어떻게 연락하지?"

엄마! 엄마!
집에 가자!

밤이 깊은데 아빠는 돌아오지 않았다. 내가 배고프다는 신호로 배를 톡톡 차도 엄마는 밥을 먹지 않았다.

엄마가 준비했던 저녁 밥상이 상보가 덮인 채 방 안에 덩그러니 놓여있다. 상보 밖으로 마주 보고 있을 숟가락과 젓가락 두 모의 끝이 살짝 보였다. 고소하고 맛있던 냄새도 맡아지지 않는다.

엄마는 밥상을 보다 말고 한숨을 길게 쉬었다. 그리고 무엇인가 생각이 난 듯 내가 들어있는 배를 만지면서 한

손으로 호주머니에 넣어두었던 누런 종이를 찾아 읽었다. 나는 이제 더는 알고 싶지 않았다. 엄마가 종이의 글을 읽는 동안, 엄마의 생각과 감정들이 내게 그대로 전해져 왔지만, 그것마저도 모른 척하고 싶었다.

투사회보

민주 투사들이여! 더욱 힘을 내자!!

승리의 날은 오고야 만다.

광주시민의 민주 봉기의 함성은 전국으로 메아리쳐 각지에서 민주의 성전에 동참해오고 있다. …… 전주에서는 도청을 완전히 장악하였다. 이제 승리의 날은 머지않았다. 승리의 날까지 전 시민이 단결하여 싸우자! 이기자! 민주의 만세를 부르자!

- KBS 방송국을 접수하여 방송을 통해 각지에 이 참상을 알리자
- 외곽도로 차단(서울 목포 화순 송정 남평 기타)
- 인근 지역에 나가 투사를 규합하자
- 전 시민은 지역방어와 보급품을 제공하자.

…… ……

난 엄마의 음성을 통해 누런 종이에 쓰인 내용을 들었으나 한편으로는 듣고 싶지 않아 귀를 닫았다.

그 내용은 너무도 무서웠고 아빠와 들불야학 동지들이 위험에 처하는 상황이 자꾸만 떠올랐다.

나는 아빠가 기다려질 뿐이다.

"늦게 되면 꼭 전화할게요."

"동지들을 잘 부탁해요. 당신도 조심해요."

오늘 아침에 배웅할 때 아빠가 말하자 엄마가 고개를 끄덕이며 말했다.

우리 가족은 들불야학 동지들과 친했다. 아빠는 월급을 받으면 야학에서 사용할 연탄을 사고 동지들과 공부할 책과 문구용품도 준비했다.

우리는 두 달에 한 번 유적지를 찾아 야유회도 갔다. 풍경이 아름다운 화순 적벽과 천불천탑으로 애잔한 운주사로 야유회를 다녀왔다. 난 가지고 간 점심을 먹은 후 미순이 이모와 동지들이 공차기하는 것이 좋았다. 아빠와 엄마와 그들의 웃음에서는 찬란한 빛이 났고, 난 그것을 희망이라고 느꼈다. 내가 태어나 살아갈 새로운 세상이란 이런 빛이 아닐까, 하는 생각이 들 정도였다.

엄마도 나도 심장이 쿵쾅거렸다. 야학 동지들과 함께할 아빠를 생각하던 엄마는 몸을 부르르 떨었다.

엄마는 우두커니 앉아서 무엇이 옳은지도 알지 못한 채 살아왔던 지난날들을 생각하는 눈치였다.

1970년대 한국 사회는 급속한 산업화로 눈부신 경제성

장을 이룩했지만, 그 부작용도 많았다. 정부는 농촌에서 일하던 젊은이들을 도시의 공장으로 불러내 싼값에 노동력을 제공하도록 했다. 나중에는 초등학교만 겨우 졸업한 어린이들도 도시의 공장 노동자가 되었다.

모든 것이 '돈' 중심이 되었다. 인심 좋던 농경사회의 푸근한 모습과 대대손손 이어지던 전통은 빠르게 사라졌다. 선량하고 양심 있는 사람보다 돈 가진 사람이 대접받는 세상으로 빠르게 변했다.

공장에서 노동자의 이익과 권리는 무시되었고, 저항하는 노동자는 쫓겨나거나 교도소에 갇혔다. 이런 노동자들을 도와주는 공장 밖 사람들까지 탄압받았다. 사람들은 공장의 안과 바깥 가릴 것 없이 자유를 꿈꾸었다.

그러던 차에 대통령이 총에 맞아 죽자 사람들은 마침내 자유가 찾아올 거라고 기대했다. 그런데 다시 총을 든 군인들이 나타나 자유를 또 억압하려고 했다. 그래서 사람들은 더 이상 참지 못하고 자유를 달라고, 군인들은 물러가라고, 계엄을 해제하라고 주장하게 되었다.

아빠는 엄마와 들불야학 동지들에게 현재 우리나라의 상황을 들려주었다. 엄마는 아빠를 야학에서 만나지 않았다면, 사람이 사람에게 얼마나 다정하고 따뜻할 수 있는지 느끼지 못했다면, 아마도 지금과는 다른 세상에서 청맹과니로 살아가고 있었을지 모른다고 느꼈다.

여기까지 뭔가 골몰히 생각하던 엄마는 아빠가 무슨 일을 하고 있는지, 왜 집에 돌아오지 않는지 절로 머리가 끄덕여졌다.

나도 엄마와 아빠의 이야기를 날마다 들어서 그런지, 아빠가 당연히 할 일을 하고 있을 거란 생각을 하면서 불안과 쓸쓸함을 조금이나마 떨굴 수 있었다. 그렇지만 일상으로 돌아가고 싶은 마음은 변함없다. 단조로운 일상의 평화로움으로 돌아가고만 싶다.

만화영화 『플랜다스 개』가 보고 싶다. 엄마는 동화책으로도 몇 번이나 읽어주었다. 난 그 동화가 너무 슬프고 아름다워서 자꾸 읽어달라고 졸랐다.

『플랜다스 개』를 읽을 때면 난 엄마의 배를 살살, 툭툭 건드렸다. 잘 듣고 있다는 신호였고, 내가 그 책을 좋아하지만 슬퍼하고 있다는 표현이었다.

군부독재 몰아내자. 민주주의를 사수하자.

광주시민 학살을 멈춰라.

전두환은 물러가라.

광주시민이여 도청으로 모이자.

우리의 주장을 관철하자.

엄마는 「광주시민에게 고하는 글」이란 누런 종이의 성명서를 다 읽었다.

나는 어느덧 이 문구들에 익숙해져 있었다. 그동안 들불야학 동지들이나 엄마 아빠의 대화를 통해서 자주 들은 말이기 때문이다.

바깥 어디선가 엄청난 함성과 야유 소리가 들려온다. 엄마의 손과 몸이 떨고 있었다. 나도 덩달아 호흡이 가빠진다. 엄마는 한 손으로 내가 들어있는 배를 받치고 큰 방과 작은 방을 서성거린다.

노동자였던 엄마는 누런 종이의 유인물이 어떤 참혹한 결과를 불러올지 누구보다 잘 알고 있었다.

아빠를 만나기 전, 엄마가 살아온 세상은 살얼음판이었다고 했다. 언제 깨져 차가운 물 속으로 떨어질지 모르는 살얼음판. 그런 혼란 속에서 어떻게 살아야 할지 방향마저 잃었을 때 아빠를 만났다고 들었다.

엄마는 그 종이로 인해 생각의 방향을 잃은 것만 같았다. 아니, 종이 때문이 아니라 바깥의 상황 때문에 생각의 갈피를 잃은 눈치였다.

아빠는 아직 돌아오지 않는다.

해가 떨어지고 어둠이 내려앉은 오월의 초저녁 밤은 서늘했다. 부르르 몸을 떠는 엄마와 나는 한기를 느꼈다. 엄마는 두툼한 옷을 걸치며 내가 들어있는 배를 감쌌다. 골목길을 벗어나면 아빠가 돌아오는 모습을 볼 수 있을까?

큰 방을 나와서 작은 방에 차려진 밥상을 보았다. 주황빛 당근과 초록색 파가 들어간 계란말이 접시와 호박, 두부가 들어간 된장국 그리고 숟가락 두 개와 젓가락 두 개.

엄마는 마당을 통과해 대문을 열었다.

마당에 서서 하늘을 바라본 것은 잠깐이었다. 둥근 보름달 오른쪽이 살짝 찌그러졌고, 별은 보이지 않는다. 나무로 만든 대문의 삐걱 소리와 함께 엄마는 밖으로 나왔다.

매일 아빠와 헤어질 때 인사를 나누던 자리였다. 오늘 아침에도 엄마와 나는 이곳에 서서 아빠를 배웅했다.

"밖에 나가지 마요. 재미있게 지내. 금방 올게."

아빠의 목소리가 귀에 생생하다.

엄마는 한참을 문밖에서 서성거렸다.

오른쪽으로 원을 그리며 걷다가 숫자를 세기도 하고 다른 집 담벼락을 따라 직사각형을 그리며 골목 바깥쪽으로 걷기도 했다.

오가는 사람들이 한 명도 없이 너무 고요해서 한기가 더 느껴진다. 함성을 지르던 그 많은 사람은 다들 어디로 간 걸까. 혹시 어떤 무서운 일 때문에 모두 피신한 것은 아닐까. 골목과 집들을 두고 사람들 전부가 사라져 버린 것만 같다.

엄마는 골목 어귀까지 걸었다.

걷다 보면 학교 갈 때 들고 간 도시락 가방을 들고 오는

아빠를 만날 것만 같다. 큰길이었는데 지나는 차는 한 대도 보이지 않았다.

어디선가 불꽃놀이를 할 때와 같은 총소리가 탕! 탕! 탕! 탕! 들렸다. 이건 정말 총소리일까. 누가 누구에게 총을 쏘는 것일까. 갑자기 들려온 총소리에 엄마가 그런 생각을 하고 있을 때 달리기 연습이라도 하는지 소란스러운 발걸음 소리가 들렸다. 사람들이 무언가를 피해 달아나는 소리였다. 그 급박한 소리가 점점 가까워진다.

탕! 탕! 탕!

다시 총소리가 들렸다.

그 순간 엄마는 비틀거렸다. 엄마가 서 있는 땅이 기우뚱 흔들렸다. 나도 같이 어지러웠다. 나는 집으로 가고 싶었다. 그래서 엄마의 배를 발로 세게 찼다.

엄마는 내 신호를 금방 알아챘다. 내가 들어있는 배를 두 손으로 감싸고 발을 떼려는 바로 그 순간, 어디선가 붉은 불이 긴 꼬리를 끌며 엄청난 속도로 날아와 엄마의 몸을 뚫고 지나갔다.

골목 어귀에는 어느덧 엄마와 나만 남았다. 엄마는 내가 들어있는 배를 안은 채 땅바닥에 쓰러졌다.

엄청난 속도로 엄마의 몸을 통과한 붉고 뜨거운 그것이 무엇인지 알아낼 도리가 없다.

엄마의 심장과 내 심장은 겹쳐 있다. 엄마가 볼 수 없는 것은 나도 볼 수 없는데, 엄마는 점점 눈도 보이지 않고 귀도 들리지 않는 모양이다. 엄마를 만나기 위해 한겨울 성당의 하늘로 올라갔던 네로가 거짓말처럼 내 눈앞에 보였다. 순간, 나도 모르게 엄마의 배를 두 발과 손으로 힘껏 두드렸다.

검은 어둠 같은 탱크가 엄마와 나를 지나 도심으로 들어갔다. 수백 수천 개의 군화가 둔탁한 소리를 내며 탱크 뒤를 따랐다.

엄마의 몸은 점점 차가워졌고 덩달아 나도 자꾸 추워지면서 졸음이 밀려온다. 이게 어떻게 된 일일까. 나는 힘껏 엄마의 배를 찼다.

'엄마! 엄마…… 어서 눈을 떠 봐!

엄마의 배 속에서 나가

꼭 세상을 두 눈으로 보고 싶은데…….

엄마가 만들어주는 계란말이와 된장국과

아빠가 발라주는 꼬막살을 먹고 싶은데…….

내 몸 위로 떨어지는 소나기도 꼭 맞아보고 싶어.

엄마…… 엄마…… 어서 집으로 가자.

어서 눈을 떠! 엄마…… 엄마…….'

5·18 민주화운동의 그날들

1979년

10월 16일 부마 민주 항쟁

10월 16~20일, 부산과 경남 마산지역에서 박정희 유신 독재에 반대하여 일어난 민주 항쟁

10월 26일 박정희 대통령 피살

김재규 중앙정보부부장이 박정희 대통령을 권총으로 살해함. 이를 계기로 박정희 유신독제가 무너짐

12월 12일 12.12 군사쿠데타

12월 12일 전두환을 중심으로 한 신군부 세력이 군사반란을 일으켜 정권을 장악함

1980년

1979년 10월26일 ~1980년 5월 17일 서울의 봄

박정희 유신 독재에서 벗어나 민주사회를 이루고자 하는 국민적 열망으로 수많은 민주화 운동이 일어났던 시기

1월~5월 16일

전국적으로 민주화 시위 확대

5월 17일

비상계엄령 전국 확대

1980년 5월 광주

5월 14일~16일

5만여 명이 전남도청 앞에서 집회 시위

5월 18일

시민을 향한 공수부대의 무차별 폭력 진압 시작

5월 19일

계엄군의 최초 발포와 첫 희생자 출현

5월 20일

계엄군의 유혈 진압으로 사망자 다수 발생

5월 21일

시위대를 향한 계엄군의 집단 발포에 시민군 결성

5월 22일~26일

계엄군의 잔혹한 진압에 시민들의 저항 조직화

5월 27일

탱크를 앞세운 계엄군의 강력한 진압 시작

※ 도움을 받은 책 『광주오월민중항쟁사료전집』 (한국현대사연구소, 풀빛, 1990).